新しい一歩を踏み出そう！

会社のプロではなく、仕事のプロになれ！

守屋実
Minoru Moriya

What steps are you taking
to make changes
in the future?

ダイヤモンド社

Introduction

はじめに

会社のプロから、仕事のプロへ。

「このまま、この会社に居て大丈夫か？」

「今の職場や仕事に、未来を感じられない」

「このままではマズいかも。でも、どうしたら……」


今、我が国では、「人口減少」と「超高齢化」が、「同時」に起きています。

これだけ環境が変わると、これまで通用してきたものが通じなくなり、ときに足かせになり、ありとあらゆるものに「これまでとは違う何か」が求められてきます。


それは、商品やサービスはもちろんですが、我々の「働き方」にもです。

では、どんな働き方が、これからの時代にふさわしい働き方なのか？

もちろん、人それぞれの人生があるように、働き方も人それぞれ。
もっと言えば、それぞれの人生のタイミングで、働き方を自由に変更してもイイのではないでしょうか。
そういったことができる世の中だとイイなぁ、と思います。

ただ、そういったことも含めて、私は、「仕事のプロ」という働き方が、これからの時代にマッチした働き方の大きな流れだと考えています。

「仕事のプロ」

この言葉から、読者のみなさんは、何を連想しますか？
どうしても、会社を辞めて「独立する」や「起業する」と言うこととセットで思い浮かべる人が多いかもしれません。
もちろん、独立や起業は、仕事のプロとしての、分かりやすい一つのカタチです。

でも、今の会社にいながらでも、仕事のプロとしての「新しい一歩」を踏み出すことはいくらでもできます。
たとえば、

「会社のプロ」から「仕事のプロ」へと意識をチェンジする。

これも立派な、しかも、かなり大きな「仕事のプロとしての第一歩」です。
この意識のチェンジを行うと、あらゆることが、変わっていきます。

自分の存在を会社に依存しているのが「会社のプロ」

「会社のプロ」は、その名の通り、入社した「その会社のプロ」です。

入社したならば、定年まで勤め上げよう、その会社でやり切ろうと努力し、「会社のプロ」としてうまく順応しながら仕事をしていきます。数年ごとの異動で様々な部署を経験。それに伴う仕事内容の変化にも適応し、部下を率いて、組織をまとめ、そして役職を身にまといながら、社内の出世レースを勝ち抜いていきます。

長らく勤めている人は、会社の変遷を間近で見続けていますから、自分の会社のことならだいたいを理解しています。目に見えるルールはもちろん、目に見えないルールも含めて、風の流れ、潮の満ち引きまで、社内のあらゆることにアンテナが立っています。

「どんな仕事をしているのですか？」と聞かれて、「○○社で部長をしています」と社名や部署名、役職名を答える人は、まさに会社のプロを象徴しています。

仕事に依存しているのではなく、会社に依存し、「その会社のプロ」になっている状態です。

一方、「仕事のプロ」は、その名の通り、担当している「その仕事のプロ」です。広報なら「広報のプロ」、マーケティングなら「マーケティングのプロ」で、かつ、「広報なら、あの人に頼めば間違いない」と、その仕事をしようと思ったときに真っ先に思い浮かぶ人になる、ということです。

ただし、これは、「会社のプロ」に比べると、分かりにくい存在です。

医師や弁護士のように、「資格」という分かりやすいカタチになっていれば別ですが、「広報」や「マーケティング」の仕事に資格は要りません。あくまでも得意か不得意か、経験や土地勘があるかどうかが基準であり、それぞれの人が持つ「印象」の話だったりもします。

では、「会社のプロ」と「仕事のプロ」のどちらがいいのか？

この答えは、その本人に合っていればどちらでも良いのではないかと思います。

ただ、世の中の流れからすると、「これまでは会社のプロ、これからは仕事のプロ」だと言えます。

その理由は、本書の冒頭に申し上げた、今、我が国では「人口減少」と「超高齢化」が「同時」に起きているからです。

右肩上がりの経済で、労働人口が伸びていく時代は、会社のために尽くすことが良かった。でもそれが、通用しなくなってきているのです。

「じゃあ、どうする?」が問われているのが、今です。

会社の平均寿命は23・5年

世の中のあらゆる商品やサービスが速いスピードで流れる今、法人が生まれてから死ぬまでのスピードは、かつてないほど速くなっています。

2017年度に倒産した企業の「平均寿命」は23・5年だそうです。とすると、大学を卒業して設立1年目の会社に入社してずっと働いても、45歳になる頃には、その会社がなくなってしまうこともあり得るのです。

また、多くの仕事がＡＩ（人工知能）に置き換わると言われています。すでに一部の企業では導入済みで、いつの日か起きる未来ではなく、すでに起きている現実だったりします。自分の仕事がなくなってしまうかもしれないという漠然とした不安を抱いている人も多いかもしれません。

人口に関するニュースもたびたび流れていて、オリンピックの開催される２０２０年には、日本の人口は1億２４１０万人になると予測されています。全人口に占める65歳以上の割合は29・1％、約3割に達するということです。

日本は、世界一の「超高齢化社会」として歩みを進めなければなりません。

このように、前提条件が大きく変われば、これまでの在り方が通用しなくなるのは当然のことです。

一方、これら外部環境とは相反するかのように、個人の寿命は「人生１００年時代」と言われるほど長くなっています。

大学を卒業して入社し、定年まで運よく働けると約40年間在籍することになります。もし人生１００年と考えれば、定年したあとの人生は会社に勤めていた期間に匹敵するほど長いのです。

残りの人生は年金だけでは心もとないと、新たな会社で働こうとしても、長年、会社のプロとして働いてきた人が、60歳を過ぎてから新しい会社で、ゼロからまたその会社のプロになろうとするのは、相当キツいでしょう。

会社側も、22歳と60歳なら、柔軟性がありこれから会社のプロになってくれそうな22歳の人を採用する可能性は高いです。

じゃあ、どうするか。

これまでの考え方とは違う、新しい一歩を踏み出した方がいい。

踏み出すのは、気づいた「今」からです。

その一つの方法が、「仕事のプロ」として意識をチェンジすることなのです。

今、広報の仕事をしていてやりがいを感じているなら「広報のプロ」を、マーケティング部門で働いているなら「マーケティングのプロ」を目指すのです。

もちろん、「広報のプロ」「マーケティングのプロ」と名乗ったところで、同程度に仕事ができる人が他にいくらでもいたら、それはプロとは言えません。

プロになるには、ある程度の経験やスキルは必要になるでしょう。

しかし、少なくとも、会社にいながらでも「仕事のプロになろう」と意志を持った時点で、「会社のプロ」とは異なる道、新しい一歩を踏み出したことになります。

「会社のプロ」のままだと会社がコケたら自分もコケてしまいますが、「仕事のプロ」であれば、会社がコケても、これまで経験してきた「仕事」という武器を携え、自らの力で明日からでも勝負できるはずです。

本書では、人生１００年時代に向け、「新しい一歩を踏み出す」働き方について、私のこれまでの体験を中心にお伝えしていきます。

また、「新しい一歩を踏み出して人生を変えた方々」にもコラムという形で登場していただきます。

経営に参画した会社が2か月連続上場

ここで少し、私の自己紹介をさせてください。

私が何の仕事のプロかと言えば、「新規事業のプロ」、と言えるかと思います。

私の社会人としての人生は、１９９２年、機械工業系の専門商社、株式会社ミスミ（現ミスミグループ本社）に入社し、新市場開発室に配属されたことで始まりました。

その後、２００2年にミスミ創業オーナーの田口弘さんが設立した新規事業の専門会社、株式会社エムアウトに転職。結果、ミスミ時代と合わせ、2社で20年、田口さんのもとで新規事業だけに邁進《まいしん》する社会人人生を送ることができました。

そして２０１０年、株式会社守屋実事務所を設立し独立。と同時に、ラクスル株式会社とケアプロ株式会社の創業にも参画しました。

こうして長年、新規事業に特化してやってきたことが実を結び始めたのが２０１８年です。4月に介護業界に特化したマッチングプラットホームのブティックス株式会社、5月に印刷や物流、広告のシェアリングプラットホームのラクスル株式会社の2社を、2か月連続で上場させることができました。

２０１9年、２０２０年にも、上場を予定するまでに成長した会社があり、少しは「新規事業のプロ」に近づけたのではないかと自負しています。

「新しい一歩を踏み出す」「仕事のプロを志す」と言っても、そもそも「やりたいことが分からない」「どの仕事で仕事のプロを目指せばいいのか分からない」という声もたびたび聞きます。その気持ちは、分かります。

私も、大学を卒業してミスミに入社したばかりの頃は、「この仕事がやりたい！」という明確なものは特にありませんでした。

もし、どうしても、「やりたいことが分からない」と言うのであれば、

「好き」を仕事にしてみたらどうでしょうか？


「好き」を見つけ、「好き」を仕事にできたら無敵です。

幸い、今は、「好き」を仕事に結びつけるチャンスはいくらでも転がっています。

たとえば、昨今、副業ＯＫの会社が格段に増えています。ならば、ちょっと興味のあるジャンルに関連するバイトを週末だけしてみる、というのもありでしょう。

もし何か得意なことがある人は、個人同士が自らの得意や仕事のスキルを教え合うC to C向けサービスを活用してみるのもいいでしょう。

あるいは、都内のコワーキングスペースは新しいところが続々オープンしていますから、そこに登録して様々な異業種の人たちと交流を深めるのもありだと思います。

新しい一歩を踏み出す環境は、かつてないほど整っているのが今という時代です。


あとは、やるか、やらないか。それだけです。

あなたなりの新しい一歩を踏み出してみませんか？

２０１９年４月　守屋　実

新しい一歩を踏み出そう!

What steps are you taking to make changes in the future?

目次

Index

第1章 *Chapter 1*
「好き」をやってみよう！

第2章 Chapter 2

仕事のプロになろう！

第3章 私はこうして「仕事のプロ」になった Chapter 3

第4章 Chapter 4 仕事は人間関係が10割

おわりに
Epilogue

新 し い 一 歩 を 踏 み 出 そ う !

What steps are you taking
to make changes
in the future?

第 1 章

Chapter 1

「好き」をやってみよう!

「好き」をやってみる。
それが、はじめの一歩

「好き」をやってみる。

講演などでこう言うと、「そもそも、何が好きか分からない」と言われることがあります。

でも、「好き」って、そんなに大上段に構える必要はないというか、アタマで考えるものではなく、普通に生活するなかで、普通に感じるものなのだと思います。

毎日の生活の中で、誰でも「これ、好きかも」「あ、面白そう」と思う瞬間があるはずです。その「感情の動き」で、十分です。

それをきっかけに、何かしら行動を起こしてみる。こんなスタートで全然いいのではないでしょうか。

何が好きなのかを考えすぎて、結局、身体が動かない。

それが一番ダメです。

「どうあるべきか、どうすべきか」「何を成し得るための行動なのか」「先々のキャリアにプラスなのか」「足元の損得はどうなのか」……。

教科書的な話としては、いろいろあるのかも知れません。

確かに、むやみやたらに動いて消耗するだけ、というようなことを繰り返したら疲れてしまいます。

ただ、そういった心配よりも、もっと深刻なのは「感情が動いたのに身体を動かさない」ということを繰り返すことです。それを続けていると、やがて「動かそうと思っても動かなくなる」という日がやってくるからです。

しかも、思いの外、早いタイミングに。

だから、ここぞというときの一歩を軽やかに踏み出せるように、日々の一歩を踏み出すのです。

アフター5に、3日間のアルバイトで150万円稼ぐ

たとえば、私が過去に踏み出した「日々の一歩」に、こんな話があります。

私は、ミスミに入社して2〜3年ぐらいした年のクリスマス、3日間だけ会社帰りにバイトに近い副業をしたことがあります。

東京・表参道のイルミネーションは冬の風物詩。とてもきれいで、たくさんの人で

ごった返していました。とくに、12月23日～25日のクリスマス本番のその夜は、幸せそうなカップルが溢《あふ》れんばかりに押し寄せていました。

私は、その道ゆくカップルに声をかけ、ポラロイドカメラで記念写真を撮って1枚500円で販売したのです。

ポラロイドカメラのレンズ部分にスリットの入ったガラスを貼り付け、三脚を立てて写真を撮ると、イルミネーションの光がさらに強調されて、今で言うインスタ映えする写真が撮れたのです。

当時は、スマホはもちろん、「写メ」も無かった時代でしたので、その写り映えは、人目を引くに十分なインパクトでした。

スリットの入ったガラスを貼り付けるというアイデアがどこから出てきたのか、もう覚えていませんが、女の子が間違いなく喜び、その喜んでいる姿を見て男の子も喜ぶ、という姿が容易に想像がつきました。カップルは一緒に暮らしていない限り、1枚ずつ買っていくだろうから客単価は1000円と予測しました。

いざ、やってみたら予想以上の反響。すぐに大行列ができたので、慌てて友人に近くの家電量販店に行ってもらい、ポラロイドカメラのフィルムを在庫がある限りすべて買い上げてきてもらいました。

道行くカップルに最初に声を掛け、順番待ちの列に並んでもらって代金を回収するのは女性がいいだろう、と考えて女友だちに協力をしてもらいました。

「この線の上に立ってください～。ハイ、もっとくっついてぇ～！」とスムーズな撮影誘導と場の盛り上げを担当するのは明るくて元気な男友だち。私はひたすら写真を撮りまくり、「ありがとうございましたっ！　お幸せに～！」とお礼プラスひとこと声をかける、というチームワークで臨みました。

結果、1日目は、3時間の撮影で約1000枚売ることができ、50万円の売上げ。2日目、3日目もほぼ同様で、結局、3日間、実働9時間で合計150万円の売上げになりました。大行列、フル稼働、みんな喜んで帰っていく。やっていてムチャクチャ楽しかったです。

「何でやったの？」と聞かれても、「ノリで」と答えるしかありません。

そこにもっともらしい理由はなく、ただ、「面白そう」だけが起点になっていました。

面白そうと思ったら、軽くやってみる。そのぐらいの気持ちでいいのだと思います。

「ちゃんと準備しなきゃ」とか「人が集まらなかったらどうしよう」などと二の足を踏んでアタマであれこれ考えていると、考えているだけで時間が過ぎてしまいます。それはもったいないです。

他にも、私が過去に踏み出した「日々の一歩」には、こんな話もありました。

日経産業新聞を読んでいたら、「オーストリア航空の客室乗務員が、オーダーメイドのストッキングをはいている」という記事が載っていました。1センチ単位でストッキングの編みを調整できる機械があり、足と甲の周り、足首、ふくらはぎ、ひざ周りなど、寸法調整の利く部位を計測したのちに製造し、その人だけのオーダーメイドのストッキングができあがるというものでした。

伸びる素材の商品に、そこまでの精緻《せいち》さがいるのか分かりませんでしたが、それでも、ヨーロッパの客室乗務員が使っているならアリかも、ということで、記事を書いた記者にすぐに連絡をとりました。

「このストッキングの日本総代理店をやりたい」と言ったところ、そのストッキングを販売している会社と繋いでくれ、本当に日本総代理店として契約を結べるかもしれない、という感じになりました。

想定外にコトが前に進んだものの、私には貿易の知識がなく、そもそも契約する法人も持っていなかったので、伝手《つて》をたどり、折角の機会を活かせるであろう方に、話を繋がせていただきました。

これについても、「面白そうだな」という気持ちだけで動きました。

「海外の話だから無理」「個人が突撃して日本総代理店なんてできるはずがない」「万が一、日本総代理店になったら、仕事との両立なんて難しいのではないか」とできない理由探しはいくらでもできます。

でも、そもそも、ミスミという会社で働いていましたから、「失敗したら、どうしよう」などということは考えませんでした。

「ダメモトでアタックして、本当にダメでも損はない。本業との両立なんて、いざとなったらいくらでも考えられる」、そんな気持ちでいました。

ちなみに、このオーダーメイドのストッキング事業の後日談としては、残念ながらうまく立ち上げることはできませんでした。オーストリア航空の事例に倣《なら》いB to Bで日本航空に売り込む、というような展開ではなく、広く一般の女性に販売するB to Cでチャレンジしたのですが、うまく売ることができなかったのです。

ただ、そこから始まった縁は、すべてではありませんが、今も繋がっています。そのとき取り組んだ新しい一歩が次の一歩を生み、20年以上経った今も続いていますから不思議です。

このように会社にいながら「好き」を探せる人は、じつはとても恵まれています。

独立起業して挑む「冒険の一歩」ではなく、会社員という生活の基盤がある中で

「日々の新しい一歩」を踏み出せる環境にあるからです。
読者のみなさんも、日常生活の中で「面白そう」「好きかも」と頭の中をよぎった「それ」を見逃さず、ライトな感じで「それ」に関することを調べるなり、アタックするなりして、「まず、やってみる」をしてほしいなと思います。

1歩目

いつの日かの大きな一歩のための、日々の小さな一歩を。

人の誘いには乗ってみる。
それが新しい道を拓く
きっかけになる

たまたま人から誘われて何かのイベントや講習会などに参加して、「楽しかったなぁ」と思うことってありますよね。

そんなちょっとしたことから、自分の「好き」や「得意」にふと気づくことがあります。だから、人からの誘いに少しでも興味を持ったのであれば、何はさておき「乗っかってみる」という姿勢をとってみてはいかがでしょうか。

自ら機会を探し、「未知」を切り拓き続けることは大変です。

そこで、いただいたご縁を活かすことで、無理なく、新しい一歩を踏み出し続けられるようにしよう、という提案です。

たとえば、私が過去に「乗っかった誘い」に、こんな話があります。

私は、大学時代、19歳のときに、先輩の起業話に誘われて一緒に会社をやることになりました。

といっても、「世のため人のため」といったような大きな志があったわけではありません。時代は、バブル真っただ中。企業と学生がコラボレーションする機会が多く、そこで大きなお金が動くにあたって、会社というカタチを作っておくことが必要だったからです。

当時、女性はワンレングス、ボディコンシャス、ハイヒールという格好で、ディスコのお立ち台の上で踊るのが流行っていました。

多くの大学のサークルでも、ディスコを借り切って「新歓パーティー」を開いて盛り上がるのがカッコいい時代でした。

そのパーティーは、「新歓」というくらいですから、開かれるのは4月半ばから5月半ばくらいの時期です。週末土日の昼から夕方にかけての時間帯が通例でした。大学生からすると平日は大学の授業があり、お店からすると夜は通常の営業があるので、自ずとパーティーのタイミングが限られていたのだと思います。

当時は、このタイミングで都内中のディスコをいっぺんに押さえることができる「利権」のようなものが存在していて、このとき、お世話になっていた前述の先輩が、その利権保有者の一人だったのです。

その流れの中で、私もパーティー主宰者の一人として混ぜてもらったのです。

何もかもが派手だった当時は、パーティー当日、大学1、2年生を中心とする学生を数千人、集めることができました。ディスコのパーティーに参加するような大学生なので、比較的派手と言うか、流行を引っ張っていくような、20歳前後の人が、ぎゅっと集まるイベントでした。

だから、このパーティーにはスポンサーがつき、パーティーが大規模化するにしたがい、遊びが仕事化し、サークルが企業化していったのです。

そのときどきで、スポンサー企業は異なりましたが、多かったのは、タバコやお酒の会社、旅行や化粧品の会社などでした。こちらでパーティー参加者に配布するパンフレットを作り、そこにスポンサー企業の広告を載せたり、会場で商品のサンプルを配ったりしました。

それだけのことをすると、遊びにもかかわらず、大きなお金が動き、十分な利益も出ました。だから、会社という形態が必要だったのです。まさにバブルで、他にも、派手なイベントをいくつも手がけました。

たとえば、旅行企画。夏なら沖縄旅行、冬ならスキーツアーなどのイベントを行いました。大手GMSを経営する企業がスポンサーについたスキーツアーでは、とあるスキーリゾートのホテルを二館貸し切って、バス20台をチャーター、700人の学生を動員したことがありました。

あるいは、販促企画。当時、販売開始となった今も売れているとある機能性飲料を、日本中の大学生に、数十万本という単位で配布させてもらいました。

他にも、調査企画などもやりました。振袖に関するアンケートを成人式前の19歳、20歳の女性限定で行いました。

これらはすべて、新歓パーティーからの「派生ビジネス」で、新歓パーティーで作った人脈に、何を流していくのか、というビジネスモデルでした。

好きが見つかるきっかけは、どこにあるか分からない

たまたま先輩に誘われてディスコのパーティーを手伝ったという些細な出来事から会社の設立に関わり、サークルの延長のようなノリとはいえ仕事を請け負う体験もできました。

もし、誘いに乗らなければ、学生時代の社会との接点は、おそらく時給換算のバイトぐらいで、こんなダイナミックな経験はできなかったのではないかと思います。

また、イベントを企画するのはとても面白く、ときに大変なこともありましたが、それでも自分は「こういうのが好きなんだなぁ」と、自分自身のことなのに、やってみて改めて自覚した、という感じでした。

つくづく、「好き」が見つかるきっかけは、どこに転がっているか分からないなと思います。

しかも私の場合、この経験が、後にミスミに入社するきっかけにまでなりました。「新規事業のプロ」として働く人生につながる転機が、学生時代のディスコのパーティーにあったのです。

これについては次項でお伝えします。

2歩目

誘いに乗っただけの一歩も、新しい一歩。

002

人の誘いには乗ってみる。
それが新しい道を拓く
きっかけになる

縁を大事にし、恩を忘れないと、運がついてくる

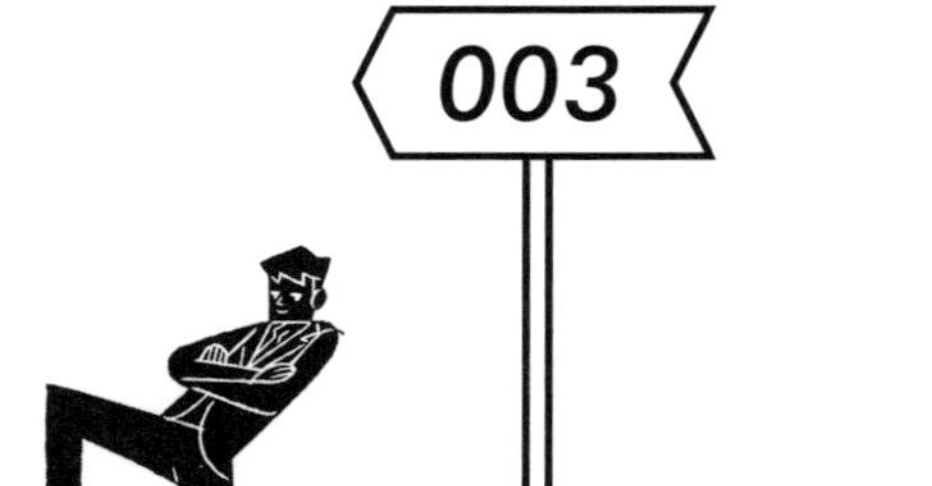

今、私が「新規事業のプロ」として仕事をしているのは、前項でお伝えした学生時代に先輩と設立した会社が、ミスミ主催の新卒採用のイベント「ビジネスプランコンテスト」を受託したことが、ご縁の始まりでした。

すでに私は、父親が病に倒れたのを機に、その会社から退いていましたが、ちょうど大学4年でコンテストの対象学年だったので、

先輩に恩返しするためにも、コンテストの盛り上げに協力しよう。

と考えたのです。

ここで、読者のみなさんに質問です。

もしみなさんが「ビジネスプランを考えろ」と言われたら、どうしますか？

とっておきのプランを考え、資金調達法も考えて提案し……と思う人もいるかもしれません。

でも、私が真っ先に思ったのは、「一つでも多くのプランを出す」ことでした。

コンテストの受託企業としては、応募されたプランの質は当然大事ですが、それ以前の話として、一定量を超える応募総数を確保しておくことの方が先決、と考えたの

です。それで、コンテストの応募要項を確認してみると、「一人1通まで」とはどこにも書いていません。

「ならば、何通応募してもいいのだな」と解釈し、いくつものプランを応募用のはがきに書きまくりました。私一人で考えるとアイデアが尽きるので、友だちや後輩を呼び集め、みんなでアイデアを出し合いました。

たとえば、コンタクトレンズのケアが面倒だと言っていた友だちがいたので、当時の日本ではまだ広まっていなかった「使い捨てのコンタクトレンズ」。

スキーの板って長くて運ぶのが面倒だよね、って話から、「折り畳み式スキー」。

ちょうど、形状記憶合金のブラジャーが売り出されていたので、それをヒントにした、万が一事故に遭ってもお湯をかけると形状が元に戻る「形状記憶合金の車」。

だんだん世の中が物騒になってきたので、学校の行き帰りに責任をもって子どもの送り迎えをしてくれる「子ども宅配便」。

どういった流れで出てきたのか忘れましたが、地域独自の通貨「ご当地コイン」などなど。実現性は度外視して、それよりも、自由な発想で多くのアイデアを出していきました。ドラえもんの道具を参考に「こんなモノが世の中にあったらいいな」というような感じで考えまくったのです。

すると、驚くことに、このコンテストで私が優勝したのです。

審査委員長からいただいたコメントは、「ほとんどの学生が一人1通しか応募しないなか、唯一、何十通も応募したのが守屋君でした。彼だけで、全体の応募総数の1割に達しています。新規事業は、簡単にはうまくいきません。多産多死なのです。一分の一では生まれない。だから考えて考えて考えまくり、やってやってやりまくる人間が、起業家になるのです」

サクラで参加したはずの私は、想定外の理由で優勝となり、イベント主催企業であったミスミから賞状と賞金をいただきました。さらには、「うちの会社に入社しませんか？」と入社のお誘いをいただくこともできたのです。

先輩への恩返しのつもりが、さらに返さないといけない大きな恩となってしまいました。

コンテストに応募するという、一見、些細な出来事が就職まで結びつき、その後、何十年もの人生を決定づける「新規事業」に関わるきっかけにまでなりました。

まさに私にとって、人生を変えるような大きな転機になりました。

さらに遡って言うとしたら、コンテストで「質より量」で優勝できたのは、「イベント受託サイドとしては、イベント総応募数の確保が先決」と考えたからであり、そう考えた背景は、「過去にイベント受託会社の一員だったから」です。

なぜ、そのイベント会社の一員だったかと言うと、「新歓パーティーのイベントを手伝ったから」でした。

縁は繋がっていて、どれか一つでも欠けていたら、私と「新規事業」との出会いは、永遠に無かったかもしれません。

これは私の場合の話ですが、この事例が意味する、「縁を大事にし、恩を忘れないと、運がついてくる」という部分は、おそらく、この世の常なのではないかと思います。

3歩目

過去の一歩は現在の一歩に、現在の一歩は未来の一歩に、繋がっている。

歩みが回り出すと、
チャンスが向こうから
やってくる！

新しい一歩の歩みがうまく回り始めると、あるとき、自分ができると思っていた範囲の外からの面白い仕事が飛び込んでくることがあります。

たとえば、昨年、私に舞い込んできたこの上なく面白い話に、JAXA（国立研究開発法人宇宙航空研究開発機構）の仕事がありました。

これは、外部コンサルタントとしてJAXAから業務委託を受けるのではなく、「JAXA職員」として、直接内部に参画するお話でした。

これまでも、ラクスル代表の松本恭攝《やすかね》さんとのご縁があってラクスル創業に参画したり、ケアプロ代表の川添高志さんとのご縁でケアプロ創業に参画したりしたのと同様に、JAXAのみなさんとのご縁があって、「宇宙イノベーションパートナーシップ」という新たな取り組みの創業に参画させていただいたのです。

「新規事業」の縁を大事にして、一歩、二歩と歩んできたら、宇宙における新規事業のご縁がJAXAからやってきたのです。

今、宇宙開発の取り組みは、世界的な潮流として国家主導のプロジェクトから民間主導へと移行しつつあります。

アメリカのNASA（アメリカ航空宇宙局）を見ても、Amazon.comの社長ジェフ・

ベゾスや、電気自動車テスラの共同設立者イーロン・マスクらが宇宙事業に参入を表明し、独自の宇宙計画を立案しているのもそうした背景があるからです。

ＪＡＸＡでも、同様の機運は高まり、民間事業者とＪＡＸＡが人的リソースや資金を持ち寄り、企画段階から早いサイクルで事業コンセプトを共創することで、早期の事業化を目指すことになりました。

その取り組みを実現するためにＪＡＸＡが考えたことは、民間企業に技術を開放するのだから、まずは民間人にチームに入ってもらおう、ということでした。そういった背景があり、本プロジェクトの民間第一号として、上席プロデューサーという立場で私が一員に加わることになったのです。

「新規事業のプロ」が、宇宙市場での「新規事業」を考えてみた

実際に、上席プロデューサーとして、どんな新規事業に関わるのか。

「宇宙開発」と言えば、ロケットを打ち上げる、人工衛星を飛ばすなどを想像する人が多いと思いますが、それは「宇宙開発のなかの本業中の本業」なので、「宇宙の門外漢の新規事業人材」である私に、出る幕はありません。

ならば、私の役割はどこにあるのか。

その一つとして、私は「食」を考えてみました。

おそらく、そう遠くない将来に、何十万人、何百万人という一般人が宇宙に行く時代がやってきます。

これがなぜ、「食」と関係があるかというと、プロの宇宙飛行士であればフリーズドライ食でも耐えられますが、一般の人がそれでは限界があるからです。

特に、日本人は食事にこだわりますから、宇宙でも質の高い「食」を提供するプレーヤーが必要なのではないか？　その点で宇宙市場において他国をリードするチャンスなのではないか、と考えたのです。

さらにもう一つ、「健康」も考えてみました。

宇宙飛行士は、仕事として宇宙に行っています。だから、体力的にも精神的にも、相当程度訓練されています。しかも、目的をもって乗り込んでいるので、狭い閉鎖空間の中で長期間、同じメンバーと過ごしても、何とかチームプレーを守り、乗り切れるのです。

ただ、これが一般人となると、かなり厳しいのではないでしょうか。仕事ではなく、「宇宙旅行」として乗り込んだのであれば、船内にいる多くの人は、「お客様」です。おそらくお客様の多くは、宇宙飛行士ほど、体力的・精神的なトレーニングをせずに乗り込んでくるので、考えられる限りの心身の健康サービスを早急に用意する必要があると考えたのです。

「やってみたいか、やりたくないか」で決める

他にも、あんなことこんなこと、いろいろ考えつくことが多々あるのですが、いずれにしてもＪＡＸＡの仕事は「スケールが大きくて面白そうだなあ」と思いました。今までの仕事が「地球市場」だとすれば、ＪＡＸＡで関わるのは「地球外市場」です。これまでの仕事を「地球市場」とひとくくりにできるのも新鮮な発見でした。

読者のみなさんも、こうした未知のジャンルについて何かしらのお誘いや相談が来たら、

「できるか、できないか」ではなく、「やってみたいか、やりたくないか」を一つの目安に決めてみてもいいと思います。

やったことのないジャンルができるかどうかなんて、現時点で分かるはずがありません。

それよりも、「好きか」「面白そうか」「やってみたいか」という視点で考える方が、その後の展開は面白くなるはずです。

4歩目

歩みを重ねると、あるとき、ジャンプできるようになる。

週末ボランティアが、
やりたいことに
エンジンをかける

新しい一歩は、何も会社の中の話だけではありません。

好きなこと、やりたいことを探すために、会社以外の空いた時間を使って、バイトやボランティアをする、という手もあります。


たとえば、私は、ある時期、毎週金曜日の夜、20時〜24時の4時間だけ、東京・表参道の骨董通りにあるビルの地下で、バーをやっていました。

どうしてそんなことになったのかというと、キッカケは、次のようなことでした。


たまたま集まった仲間と近況報告などを、とめどなく話をしていたときに、

「オレら、飲み会の幹事、やること多くない？」

「毎回、ドタキャンするヤツ、遅刻してくるヤツ、先に帰っちゃうヤツとかいて、結局、お金足りなくて被ることない？」

「ある、ある－！」

「幹事でいろいろ動いて、結局被って、おかしくない？」

「おかしい、おかしい－！」

「じゃあ、思い切って、オレらで飲み会用のお店をやっちゃおうよ！」

というやたら勢いのある、というか勢い余った展開で、そのまま本当に、お店をやることになったのです。

それが、毎週、たった4時間しか営業してない、表参道のバーだったのです。

そのお店は、一風変わった仕組みで、お店を切り盛りしてみました。

20人以上の仲間それぞれに、そのお店の店長という肩書の名刺を渡したのです。そして、当番制で、その週にお店に入れる人に「1日店長」を務めてもらうことにしたのです。

料金は一律、男性5000円、女性3000円をお店の入り口でいただき、あとはセルフサービスで好きにお酒を飲んでもらうスタイルにしました。

特にこれといったサービスのないお店でしたが、1年余り、54回ほど続けた営業は、常に満員御礼でした。

「都内の一等地で週末だけやっているバーのオーナー風」という設定が良かったようで、20人以上の店長のほとんど全員が、毎週、友だちを連れて「出勤」してくれたのです。お金は、店長からも一律同額でとっていたので、ほぼそれで黒字化が見えた、という仕組みでした。

思った以上に盛況で儲かったので、また、もともと非営利で考えていたお店だったので、バーを一緒に運営していた仲間たちと話し合い、儲かったお金は、全額をフィリピンの小学校に寄付しようということになりました。

小学校の校舎に書かれた「ミッション・ビジョン・バリュー」

フィリピンのサマールノース州のヒパラヤン村というところに「ヒパラヤンエレメンタリースクール」という小学校があるのですが、台風で校舎が壊れてしまい、新たな校舎を必要としているという話を聞き、そこへ寄付することにしたのです。

ただし、小学校の校舎を新設するほどには、お金が足りませんでした。

そこで、フィリピンの小学校に寄付することを目的にしたパーティーを別途、開催することにしました。バーに来たお客様のメールアドレスは顧客名簿として管理していたので、彼ら全員にメールしたのです。

パーティーの会費は、１万円。

このうち5000円は小学校の校舎新設のお金に充てる寄付である、ということにさせてもらい、その代わり、パーティーに参加してくれた人全員の名前を小学校の壁に刻むことを、約束しました。

すると、400人ぐらいのお客様が賛同してパーティーに来てくれたのです。加えて、「予定がつかなくてパーティーには参加できないけど、パーティー代払うから壁に名前刻んで」という、パーティー代1万円をそのまま寄付に回せるありがたい申し出が、なんと100人近くからきたのです。

校舎が作れる資金状況になったので、どうせなら校舎だけではなく滑り台などの遊具もプレゼントしよう、と欲張ることにしました。

パーティー当日、教室の名称をネーミング・ライツ（命名権）というカタチでオークションすることにしたのです。結果、滑り台、シーソー、ブランコ、雲梯《うんてい》をプレゼントすることができました。

こうして新しい校舎での「ヒパラヤンエレメンタリースクール」が開校したのです。私は日本の校長として、開校時、鍵の授与式に参加しました。

マニラから飛行機が1日一便しか飛ばないような僻地で、空港に着いてからもさらに車で1時間以上走る場所にありました。

森の奥の奥、という感じの村だったのですが、村に着いてみたら、なんと村の入り口から学校までの道のりを、村人総出で日本の国旗をパタパタと振りながら歓迎してくれたのです。まるで一国の首相のような気分になりました。

そして、村一番のごちそうである豚の丸焼きを出しておもてなしもしてくれ、生徒たちが歓迎の踊りも見せてくれました。あんな経験は二度とないだろうな、と思うほど熱烈な歓迎をしてくれました。今もときどき、そのときに撮影をしたビデオを観るのですが、観るたびに感動がよみがえり、本当に良い経験をさせてもらいました。

ちなみに、フィリピンの小学校でもっとも驚いたことは、校舎に、「ミッション・ビジョン・バリュー」が書いてあったことでした。

開校式のあいさつで、現地の校長先生が、「日本の会社員がすてきな校舎をプレゼントしてくれました。でも、これで満足してしまってはダメです。ここからがスタートです。私たちは、ここで何を学び、何を成し得るのかが大切なのです」という主旨のことを生徒たちに熱く語り掛けていたのです。

学びの場を提供したつもりが、むしろ大きな刺激をいただきました。

週末の取り組みで、私は、仲間と知恵を出し合い「バーの営業」や「小学校の校舎の寄付」を行いました。今ほど便利なＷｅｂサービスも充実していなかった時代だったので、手を動かし、足を運びながら、なんとかやりくりをしました。

でも、今は、もっと気軽に新しい一歩を踏み出すのに便利なクラウドファンディングなどの仕組みも充実しているので、もっともっと踏み出しやすいのではないかと思います。

読者のみなさんには、そういったサービスを利用しながら、自分の好きな一歩を、自分の好きなタイミングで、踏み出してほしいと思います。

5歩目

新しい一歩は、いつでも自分のそばにある。

ゼロイチの間にある
グラデーションを
見逃すな

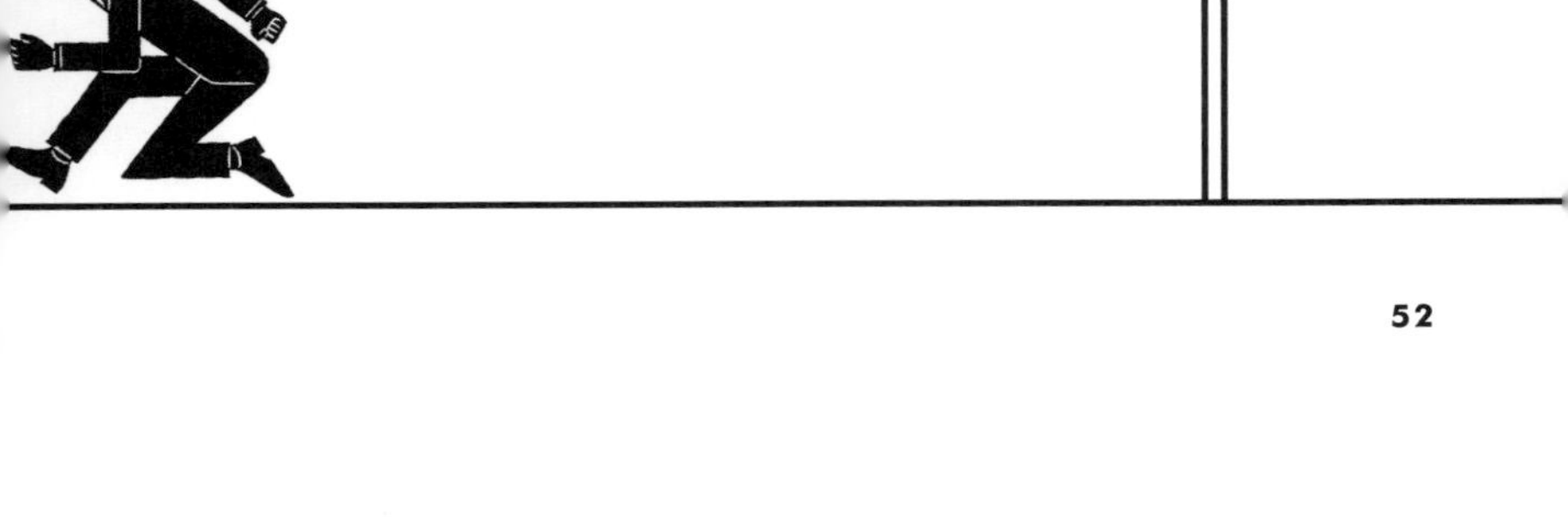

私は、ときどき、講演する機会をいただくことがあるのですが、そのときに、相当な頻度で遭遇するシーンがあります。

たとえば、私がAとBの話をしていて、Aでうまくいったという話をするとします。すると、かなり高い確率で「Aを選択すればいいのですね？」と確認してくる人がいるのです。

その人の質問の仕方というか、話している会話の感じから、Aでうまくいったに至る過程や、そのときの背景、意思決定者の判断の軸を知ろうとしているのではなく、「結果だけを暗記しよう的なニュアンス」を行間に感じてしまうのです。

もしも、そのような傾向のある人は、少し立ち止まってみてください。

本来、「Aでうまくいった」という話は、参考程度にすべきものです。誰かがAでうまくいったからといって、環境、状況など様々な条件が異なる中で、自分もAを適用すればうまくいく、とは限らないからです。

Aと言ったらどんなときもA。

Bと言ったらどんなときもB。是か非か。ゼロかイチか。

こうした二者択一の思考になりがちなのは、知らず知らずの間に「デジタル脳」になっているのかも知れません。

ゼロやイチの間に、いったい数字は何個あると思いますか？

答えは、無限です。

0・1もあれば0・11もあって無限なのに、ゼロかイチ、どちらかしかないと思い込んでしまう人がとても多いのです。

一つの答えを求める「デジタル脳」の方々に、私は、「このときはAでしたが、必ずしもAとは限りません。Bがダメとも言えません。AとBの中間かも知れないし、A寄りのBかもしれない。B寄りのAかもしれない。そのときどきで総合的に考えて、自分自身で判断してください」と、わざと長々と答えるのですが、質問した相手にとっては消化不良なのかもしれません。きょとんとされる方が少なくないです。

そういう人は、また別のセミナーや講演会、ワークショップなどに行ったとき、また同じことを聞いて「答え」を求めるのではないかと思います。

つまり、「自分の頭で考えず、人に答えを委ねている」という状態を繰り返していることになります。

そんなことでは、「自らの意志を持ち、考え、行動する筋力」が全然、身につかないでしょう。

何かを選択するとき、相手の言うことをそのまま受け取るのか、自分でいったん咀《そ》嚼《しゃく》するのかで、その後の結果は大きく異なります。

前者は人のせいにして終わりますが、後者は自分の責任のもと前進できるのです。

私は、何をやったらいいですか？

「AかBか話」以外にも、たとえば、「『好き』をやってみよう」と話したときにも頻度高く遭遇するシーンがあります。

「『好き』をやってみよう」と言うと、「何をするのがおススメですか？」と質問をしてくる人がいるのです。

聞いてしまう気持ちも分からないでもありません。

でも、質問の仕方というか、話している会話の感じから、「教えて欲しいっ！　聞きたいっ！」という熱量を感じとることは難しく、「とりあえず」おススメがあれば教えて欲しい、というようなニュアンスを受けてしまうのです。

そんなとき、「おススメしたら、ホントにやってくれるのかな？」というような素朴な疑問が頭をよぎります。

「私のとりあえずのおススメ」より、「本人が日常のなかで感じたなんとなくの興味」の方が、よっぽど当人の的を射ていると思います。

他人のおススメより、自分のなんとなくの感じを信じ、気持ちに従って動いてみて、動いた結果と向き合って、そのあとどうするかを決める方が断然おススメですし、自分でも、後々、後悔しないのではないでしょうか。

また、「『好き』をやってみよう」と言うと、なぜか、「起業しなければ」と話が一気に飛躍し、「ならば、会社を辞めなければ」「会社を立ち上げなければ」「食べていけるかなぁ」と心理的にも金銭的にも高いハードルを設定してしまう人がいます。

いきなり「会社を続けるか、起業するか」の二者択一で考えるのではなく、「会社を続けながら、好きなことを探す」というグラデーションがあってもいいし、その方が回り道に見えて、本気でやりたかったことが分かる近道だったりするかもしれません。

また、そうしていく中で未来の仕事のパートナーが見つかるかも知れません。

グラデーションの中に、次の一手につながる大事な縁が潜んでいるかもしれないのです。

AかBではなく、A&Bという歩みも考えてみませんか。

6歩目

自分で考えた、自分の一歩を踏み出そう。

人は、
考えたようにはならない、
動いた通りになる

みなさんは、自分の将来に対して不安を抱いていますか？

会社はどうなるか分からない、年金も期待できないとなれば、なるべく給与のいい会社に入り、若いうちから貯金して将来の安心に備えたい、と思う人もいるのではないでしょうか。

そうした世相を受けてか、適職を考えるキャリアプランや、人生をシミュレーションするライフプランや資産形成のためのマネーセミナーなどが活況なようです。

それだけ多くの人が、なるべく失敗せずに、着実にうまくいく人生を歩みたいと思っていることの表れかもしれません。

でも、実際には、プラン通りになるとは限りません。むしろ、その通りにならないことの方が多いのではないでしょうか。

頭で考える行為は、いくらでも、いつまでもできます。

でも実際には、考えるほど、解決策からは遠ざかってしまうこともあります。考えてもキリがないからです。キリのないものをキリなく追いかけているうちに迷子になり、こじらせてしまうのです。だから、アタマで考えるのはほどほどに、一歩、動いてみることをおすすめします。

なぜなら、人は考えたようにはならず、動いたようになるからです。

考えてばかりいると、考えるだけの人になってしまいます。

考えているばかりで動かないから、アタマばかりが大きくなり、足腰が貧弱なので、歩くとフラフラして定まらないし、そのうち歩くことさえできなくなってしまうのです。

動かない時間が多くなりすぎると、動くことに不慣れになるので、動くことがおっくうになったり、苦手になったり、じつは怖くなったりするようになるのです。

考えて動き、動いた結果を振り返ってまた動く。

動けば動いた分だけ、現実が分かります。

そしてその分だけ、面白かったり、嬉しかったり、悲しかったり、悔しかったり、儲かったり、損したり、そして、視界が開け、ひらめき、「次」が見つかったりします。

考えるだけでは身につかないいろんなものが、たくさん身につくのです。
だから、人は考えたようにはならず、動いたようになるのです。
面白そう、楽しそうと思ったことに対してアクションを起こしましょう。

「好き」なら、それは続きます。

「やっぱり、好きじゃなかった」なら、「ホントに好きじゃないのか?」「ホントにやめていいのか?」を、ひとしきり考えたあと「いったん終了、ひと休み」でいいと思います。

このぐらいシンプルで、いいのです。

いいか悪いか、好きか嫌いか、続けられるか続けられないか、続けたらどうなるのか、止めたらどうなるのか、アタマのなかのシミュレーションはほどほどにし、動いてみる。

動いてみなければ、どちらに転ぶか、どう転ぶか、転んだらどうなるか、ホントのところは分かりません。

「はじめに」でも述べましたが、会社が生まれてから死ぬまでのスピードは、かつてないほど速くなっています。私が言うまでもなく、どの会社も10年先はどうなっているか分かりません。

定年まで逃げ切れるか分からないし、仮に逃げ切れたところで、その後何十年も続く人生をどう生きていくか。そのことに多くの人は薄々気づいているはずで、これからのことを考えたら、今のうちに、様々な可能性を模索しておく方がいいと思います。

身体が動くものが何なのか、根気が続くものが何なのか、知っておいた方がイイです。

しかし実際には「まずは好きなこと、面白そうなことで、何か動いてみよう」と最初の一歩を踏み出そうとする人は、少ない気がします。

日々の業務に追われているうちに、いつしか1年、2年が過ぎてしまい、なかなか一歩が踏み出せないままなのかもしれません。

その感覚は私にも分かります。

でもやっぱり、せっかくこの時代に生きているのだから、何かしら動いてみてほしいのです。

一歩動くことで今の会社の良さに気づくことも

じつは、動くメリットは意外なところにもあります。

それが、「今の会社の良さに気づくかもしれない」ということです。

ベンチャーのお手伝いなどをしたら、常に人手不足、資金不足で、その大変さを目の当たりにして、今の会社がいかに恵まれていたかを実感できる人もいるはずです。憧れていた起業のリアルを体感することで、相対的に、今の会社の良さがクローズアップされるわけです。

成果報酬型でない会社に勤めている人は、結果が出ようが出まいが、毎月お給料が振り込まれますが、それが決して「当たり前」ではないことに気づく人もいるでしょう。ここに気づくだけでも、儲けものです。

今の会社の良さが分かったら、仕事に対する姿勢も、今までとは変わるはずです。

会社や社内の人間関係の文句や愚痴を言っている人の多くが、組織から一歩も出ていなかったりします。ありがたみが分からないのです。

いったん会社の外に出て様々な景色を見比べることは、会社に残るにせよ、残らないにせよ、良い作用を及ぼすことは間違いないです。

7歩目

外に一歩出ると、内の良さが分かったりもする。

すべてが、一歩！

これまで、動くことの良い面ばかりを強調してお伝えしてきましたが、もちろんそれは、100%「良いことばかり」という意味ではありません。

自分の直感を信じて一歩踏み出してみたものの、「思ったのと違った」ということもあるでしょう。

「直感で動いてみた、面白そうだと思ったけどやってみたら違った。自分には合わない」ということは、防ぎようのないことです。

そういうとき、「直感を信じたからダメだったんだ」「もっと計画的に、慎重に動かなければいけなかったのだ」と思う人は多いかもしれません。

また、ここぞとばかりに、「それみたことか。だから、言っただろう」と「状況が見えてから声高に言い始める外野」が出現するかも知れません。

でも、直感を信じようが、慎重に慎重を重ねて動こうが、うまくいかないときはあるものです。

「百発百中、すべてが思った通り」なんて人は、居ません。

だから、「必要以上」の反省や批判に、目や耳を向けすぎない方がいいです。

むしろ、動いた一歩の「動いた」という事実にフォーカスした方が、100倍、健全です。
たとえ、その結果が芳しいものでなかったとしても、やってみて難しいことが分かった、思っていたのと違うことが分かったとしても、それが分かったということが、もはや前進と同じだけの大きな一歩なのです。

前述の「ベンチャーを手伝ったら今の会社の良さが分かった」などは、その好例です。

そして、本書の「会社のプロ」から「仕事のプロ」へのチャレンジも、同じことがいえます。
世の中の流れが「仕事のプロ」だとしても、それはあくまでも世の中の流れでしかありません。人によっては「会社のプロ」を突き詰める方向もアリだと思いますし、そっちの方が向いているという人もいるでしょう。

大事なことは、とにかくまず、一歩踏み出してみることです。
そして、踏み出したら、歩みを緩めずに、歩み続けることです。

と同時に、その歩みが間違っていたならば、新たな違う一歩を踏み出すのです。

でも、それは、とても難しいことかもしれません。

やると決めたからには、キチンとやり切る努力や姿勢が大事な一方で、見極めに時間をかけすぎて時間を浪費しすぎることは、じつにもったいない。

私自身、今でも、ときに迷いながら悩みながら、歩み続けています。
自分とちゃんと向き合って、自分らしい一歩を、日々歩んでいきたいものです。

8歩目

間違った一歩も、前進の一歩。

column 1

Hirofumi Tomatsu

私はこうして新しい一歩で人生を変えた

「自分の一歩」を踏み出して歩き続けたら、人生に奇跡が起きた

東松寛文（とうまつ・ひろふみ）

リーマントラベラー

Profile

1987年、岐阜県生まれ。平日は大手広告代理店に勤務するかたわら、週末を使って世界中を旅するサラリーマン。通称「リーマントラベラー」として活動中。旅に目覚めた社会人3年目以降、現在までに55か国114都市に渡航（2019年4月現在）。2016年10月〜12月は、毎週末海外旅行に行き、3か月で5大陸18か国を制覇。〝週末だけで世界一周〟を達成した。著書に『サラリーマン2・0』（河出書房新社）がある。年間50回以上の講演も行う。

週末だけを使って世界一周を達成

東松寛文さんは、東京にある激務で知られる広告代理店に勤務するかたわら、週末や連休を利用して世界中を旅して回っている、通称「リーマントラベラー」だ。

東松さんが旅の面白さに目覚めたのは、入社3年目の5月のGWのこと。

「2012年5月3日に、プロバスケットボールのNBAの試合を観にロサンゼルスに行ったことがきっかけです。まず、圧倒的にリフレッシュできたこと、それから、自分のために生きている大人がいることに気づいたのが一番大きかったです。平日の昼間からNBAの試合を観に来ている現地の大人たちに衝撃を受けました。こんな世界があるのかと」

そこから東松さんは、サラリーマンをやりながら週末だけを使って世界各国を回る旅を始めた。そして、2016年に週末だけを使って世界一周を達成する。

「ある日、『日本にいる間をトランジットと考えれば、週末だけで世界一周できるんじゃないか』と閃いたんです。そう思いついたら、これは実行しない手はないなと。それで3か月かけて5大陸、18か国を回って世界一周を達成することができました」

現在も、平日はサラリーマン、ある週末はトラベラーという生活を続けている。そして活動の幅は大きく広がり、今ではオンラインサロンの運営や、イベント出演、講演やセミナー、執筆にと多忙な日々をおくっている。

「平日は9時半〜夜の7時、8時まで働いて、その後はだいたい飲み会に行ったりします。ただ、旅行に行く週の金曜日は、仕事のあと空港に直行して旅に行き、月曜日の朝、日本に着いたその足で出勤したりという場合もあります。リーマントラベラーの自分にとっては、週末は64時間あります。金曜日の終業時刻からと月曜日の始業時刻までの時間を加えて64時間です。『自分軸で生きている人の週末は64時間ある』が僕の持論です」

そんな東松さんだが、入社6年目の2015年頃までは、旅を楽しみながらも仕事には面白みが見出せず、平日はもやもやする毎日を過ごしていたという。

やりたいことが会社の中にあるとは限らない

「会社からお給料をもらっているので、仕事に面白さを見出さなければいけないと思っていました。でも、あることがきっかけで、この会社の中では自分の考えるような面白いことは見つからないかもと気が付いてしまったのです。ならば、自分が人生の中で一番やりたいことは何か。会社以外のことなら、それは旅だなと思いました」

そこから「リーマントラベラー」という生き方を世の中にもっと発信していこうと2016年1月にブログをスタートする。

「僕は海外旅行のすすめというよりは、こういう多様な生き方があるということを知ってほしいからブログを始めたのです。日本には生き方のモデルというか、多様な選択肢がないなと思います。世界を旅しまくって、こんなちょっと変わった奴がいるんだな、こんな生き方もあるんだなということを伝えることによって、一人でも多くの人が主体的に、自分の生き方を見直すきっかけになってくれたらいいなと思いました」

一歩動いてみることはとても重要と言いながらも、最後にこう付け加えてくれた。

「新しい一歩、自分なりの一歩は、踏み出しやすい小さな一歩でいいと思います。他人と比較する必要はありません。もやもやしていたあの当時の自分から見たら、今の状況は奇跡のようなものです。読者のみなさんも、自分のタイミングで自分らしい一歩を踏み出してみてください」

新 し い 一 歩 を 踏 み 出 そ う !

What steps are you taking
to make changes
in the future?

第 2 章

Chapter 2

仕事のプロになろう!

「会社のプロ」ではもう生き残れない。働き方2・0のすすめ

好きをやってみることで、新しい一歩を踏み出せるようになったら、「会社のプロ」から「仕事のプロ」へと意識をチェンジする、という新しい働き方を目指してみてはいかがでしょうか。

「会社のプロ」は、仕事ではなく会社に依存しています。

それは、これまでの日本における主流の働き方といえます。会社が成長することでそこで働く個人も大きな恩恵が得られるというものです。これを本書では「働き方1・0」と呼ぶことにします。この働き方1・0の価値観が高度経済成長期には我が国の産業を支えてきました。そして今でも、多くの人がそちらの価値観にしたがって働いているともいえるでしょう。

しかし、会社の寿命と個人の寿命が逆転した現在では、この働き方1・0では、会社を辞めた時点でこれまで積み上げたものがゼロリセットされてしまうリスクが、年々高まっています。

仕事のプロが主流となる「働き方2・0」の時代

一方で「仕事のプロ」は、会社ではなく仕事に依存しています。

これを本書では「働き方2・0」と呼ぶことにします。

この働き方2・0こそが、これからの我が国の産業を支える柱の一つと成り得る働き方なのです。

「好き」を見つけ、それを「仕事のプロ」にまで高められた人は、時代がいかに変革しようが、「好き」をエンジンにいつまでも走り続けることができます。最強の働き方です。

一方、新しい働き方ゆえに、まだ分かりにくい働き方だったりもします。

また、自分自身が、何のプロとしてやっていくのか、その決断と覚悟をもってやり切るには、「会社のプロ」がいまだ主流である現在、まだまだ、課題は多いかもしれません。

では、「会社のプロ」と「仕事のプロ」のどちらがいいのか？

この答えは、「はじめに」でも書きましたが、その人に合っていればどちらでも良いとは思うものの、世の中の流れとしては、「仕事のプロ」だと思っています。

これまで、多くの人が「会社のプロ」として、出世競争に巻き込まれたり、歯車の一つに過ぎないと思って落胆したりしても、それでもやってこれたのは、「会社が自分の面倒を一生見てくれる」という心理的なセイフティネットを提供してくれていたからです。終身雇用という保証された人生を、疑うことなく信じることができたからです。

しかし、もうすでに、そしてこれからはますます、その「保証」は崩れ去ろうとしています。「保証」がないのですから、そろそろ「仕事のプロ」へシフトするしかないのです。

もちろん、「仕事のプロ」になるためには意識と行動の変革が必須です。

「仕事のプロ」として勝負するなら、たとえば、自分が広報に興味があるなら「本当に」広報のプロとしてやっていきたいのか、まずは自問自答するところから始めましょう。

入社の偶然、配属の偶然、人間関係の偶然、あらゆる偶然のなかで、ラッキーにもすぐにストンと自分のなかで「何のプロになりたいか」が腑に落ちればいいです。

でも、多くの場合、自問自答しても答えが見つからずに、右へ左へと迷い始めるのではないでしょうか。

そして、迷いすぎると迷いが固定化し、決めて進むよりは決めずに右へ左へと迷っている方がラクになってしまうのです。

これが怖い。

そうならないためにも、何のプロとして歩むのか、自分で納得して肚落ちさせることが肝心です。

そして、本当に「これでやっていきたい！」という結論が出たなら、会社のなかで任されている「これ」の仕事はもちろん、業務時間外でも、「これ」のプロになるべく貪欲にスキルアップを図っていく必要があります。

「会社のプロ」は、その会社にいればどうにかなってきましたが、「仕事のプロ」としてやっていきたいなら、その会社にいるだけではどうにもならない壁に必ずぶつかります。

その会社にいても、会社主導ではなく自分主導で考え、行動し続ける意志を持つことが重要です。

「仕事のプロ」であるということは、これまでの古い仕組みやしがらみから卒業し、個々の実力で勝負することを意味します。

生やさしい働き方ではないかもしれませんが、よりやりたいことを存分にできるチャンスが広がるというプラスの見方もできます。

これが、これからの時代にマッチした新しい働き方であり、私が思う「働き方2・0」なのです。

9歩目

「仕事のプロになる」へと舵をきる。

第一想起される人が「仕事のプロ」。ピン芸人として自らの芸風を示せ

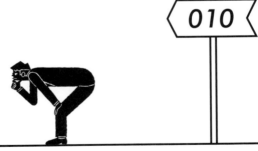

市販されている履歴書は、「会社のプロ」用に作られていることをご存じですか。年表のように社名や配属先、肩書きなどを羅列し、賞歴や資格の有無を記す履歴書の「型（フォーマット）」は、じつは「会社のプロ」仕様なのです。

その人がどんな人で、何をしてきたかより、どの学校を卒業し、どの会社にいたかに重きが置かれているからです。

では、その反対に「仕事のプロ」仕様の履歴書とは、どんなものでしょうか？

「仕事のプロ」が「仕事のプロ」として通用するためには、「第一想起される人」である必要があると思います。第一想起される人というのは、真っ先に名前が思い浮かぶ人という意味です。

「広報のプロです」と自ら名乗っても、広報をかじったことのある人は、世の中にごまんといます。そんな中で、クライアントのアタマに、真っ先に思い浮かぶ人、多数いる広報マンの中でもアタマ一つ抜きんでている人が、「仕事のプロ」と言えるのです。だから、アタマ一つ抜きんでていることが伝わる履歴書が、「仕事のプロ」仕様の履歴書なのです。

仕事のプロとしての人となりが分かる色っぽい資料を

私はよく、「仕事のプロ」は、「ピン芸人」みたいなもの、という言い方をしています。ピン芸人は、一発芸が得意な人もいれば、一人コントが得意な人もいます。各人が自分の芸風を見極め、それに特化して披露するからテレビ番組などでキャスティングされるのです。

当然、芸風が分かりにくい人より、分かりやすい人の方が、キャスティングされる可能性が高くなります。そして、ミスキャスティングされる可能性が低くなります。だからピン芸人は、自分の芸風を分かりやすく伝えて、第一想起されるよう努力をする必要があるのです。

ところで、みなさんは冷蔵庫を買うとき、何を決め手に買いますか？

外部寸法や内部容量、年間消費電力、据付必要寸法、重量などを見て「この冷蔵庫が欲しかった！」という人はほとんどいないですよね？

そうではなくて、「10万円」などと予算を決めたあとは、各メーカーの10万円前後の冷蔵庫を見比べながら、ウリになるキャッチコピーを見る、実際に購入した人の口コミを見る、専門家のおすすめを調べる、冷蔵庫を使っているカッコいい部屋をイメージできるような写真をチェックするなどして、「この冷蔵庫、欲しいな」と考えるのではないでしょうか。

「仕事のプロ」の履歴書もこれと同じです。

市販の履歴書のような型通りのものではなく、もうちょっと人となりが分かるような「色っぽい」資料がほしいところです。

自分が「仕事のプロ」として何をしてきたのか、ピン芸人さながら、その人の個性が一発で伝わるような資料をあらかじめ用意しておきましょう。これについては、私なりに試行錯誤しながら作っている実際の資料を、あとでお見せして説明いたします。

10歩目

「仕事のプロ」の「仕事ぶり」を、努めて可視化する。

「仕事のプロ」の履歴書とは？

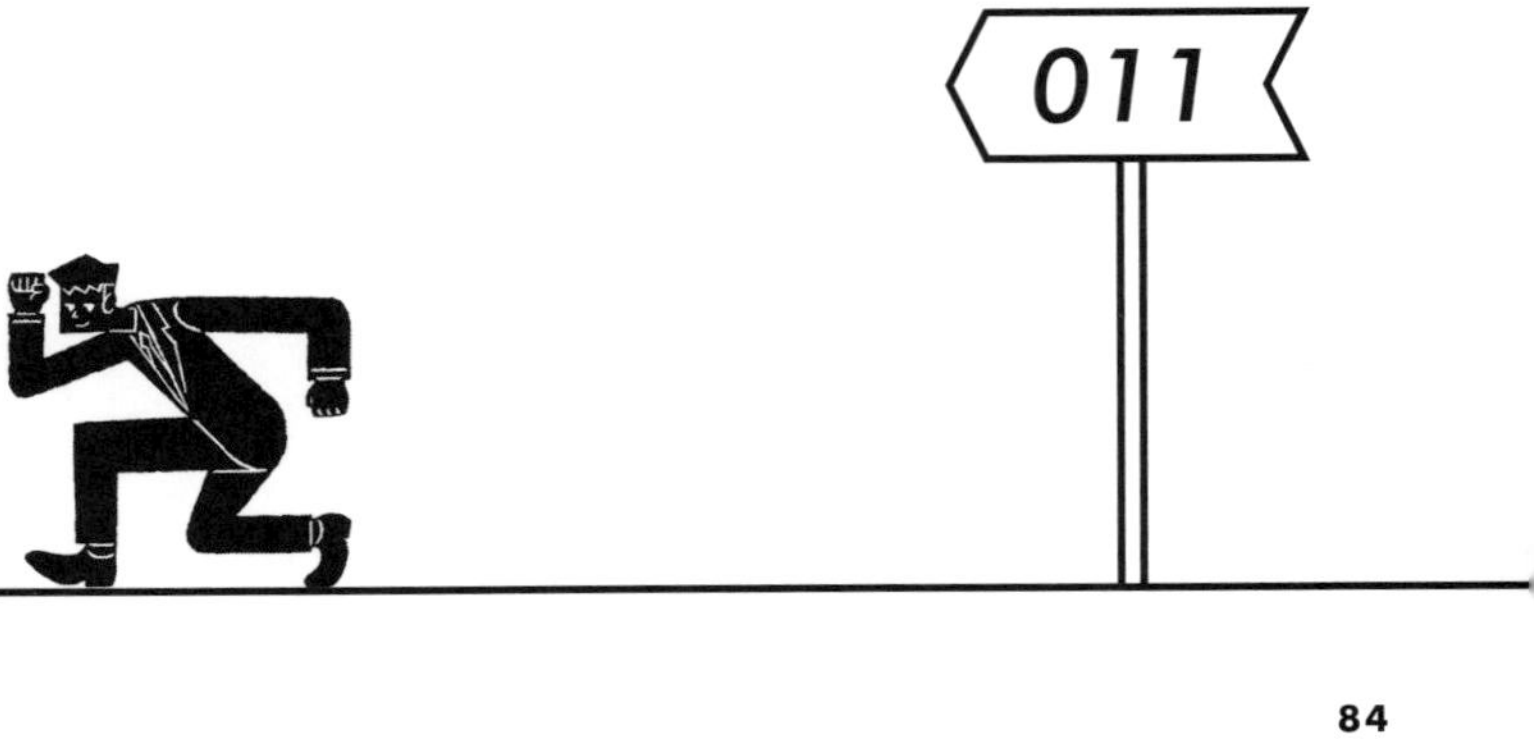

「はじめに」でも述べましたが、私の社会人としての経歴は、およそ次のようになります。

大学卒業後に入社した株式会社ミスミ（現ミスミグループ本社）と、ミスミ創業社長の田口弘さんが作った株式会社エムアウトの2社で合計20年間のサラリーマン生活を経たのちに独立。株式会社守屋実事務所を設立すると同時に、ラクスル株式会社、ケアプロ株式会社の創業に参画。副社長に就任、その後、活動の場を広げて今に至る。

これらの仕事のすべてが一貫して新規事業、というものでした。

したがって、「どんな仕事のプロか」と聞かれたら「新規事業のプロ」と答えています。

この経験を、可能なかぎり簡単に、分かりやすく、キャッチーに伝えることができないだろうかと考えた結果が次の数式です。

50＝17＋19＋14

「50」は、自分の現在の年齢で、そのあとの数字は、立ち上げた事業の数を示しています。

「17」は、企業内起業の数です。ミスミとエムアウトに在籍していた、合計20年間で17件の企業内起業を経験した、という意味です。

「19」は、独立起業の数で、ラクスルやケアプロなど、2010年の独立後、19件の独立起業を経験している、という意味です。

「14」は、週末起業の数です。診療所、小学校、飲食店など、「17」でも「19」でもない、何かしらの取り組みの数です。

今回、この数式をメインチャートとした、私なりの芸風をまとめた資料、「起業50」を、みなさんにご覧いただきたいと思います（巻末参照）。

講演などの際、私は「この数式が私の自己紹介のすべてです」と言って、自己紹介を始めます。

実際、ご覧いただくとお分かりの通り、全部で16ページある資料の本文は1ページのみで、あとはすべて添付資料です。

しかも、その唯一の本文ページの内容は、「50＝17＋19＋14」の数式のみです。

図表1　仕事のプロとしての履歴書　「起業50」とは?

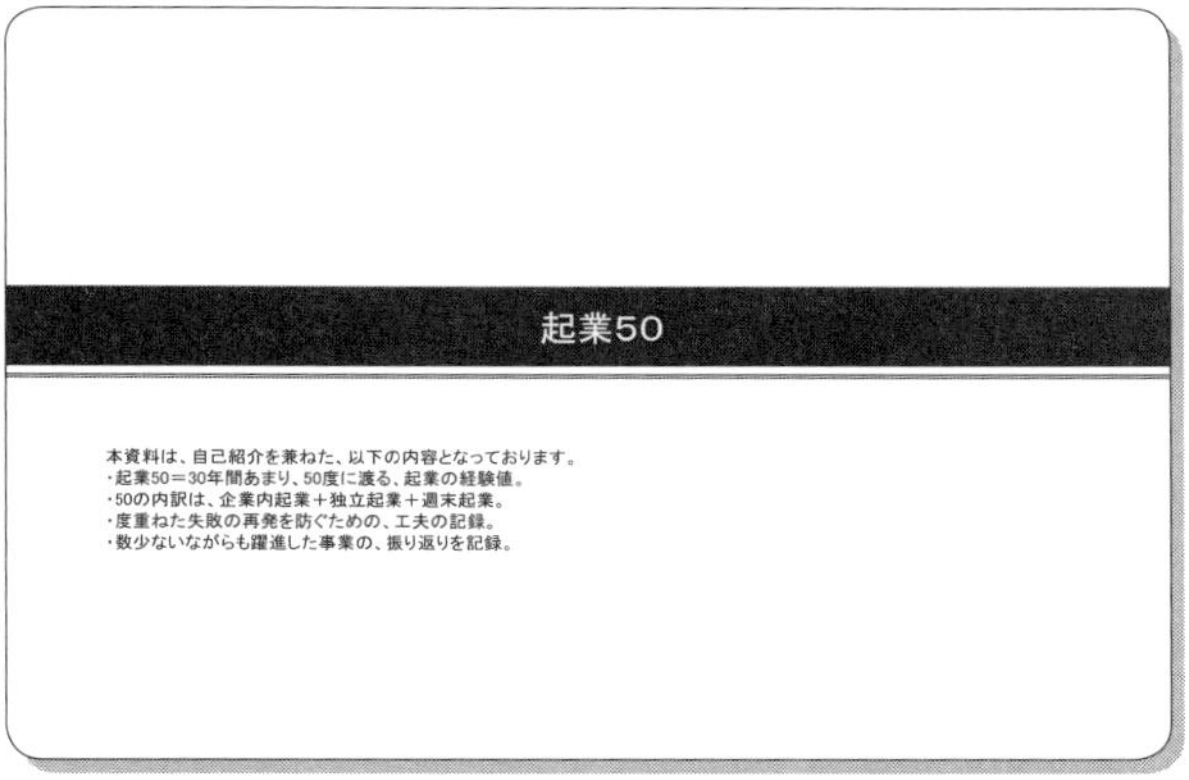
起業50
本資料は、自己紹介を兼ねた、以下の内容となっております。
・起業50＝30年間あまり、50度に渡る、起業の経験値。
・50の内訳は、企業内起業＋独立起業＋週末起業。
・度重ねた失敗の再発を防ぐための、工夫の記録。
・数少ないながらも躍進した事業の、振り返りを記録。

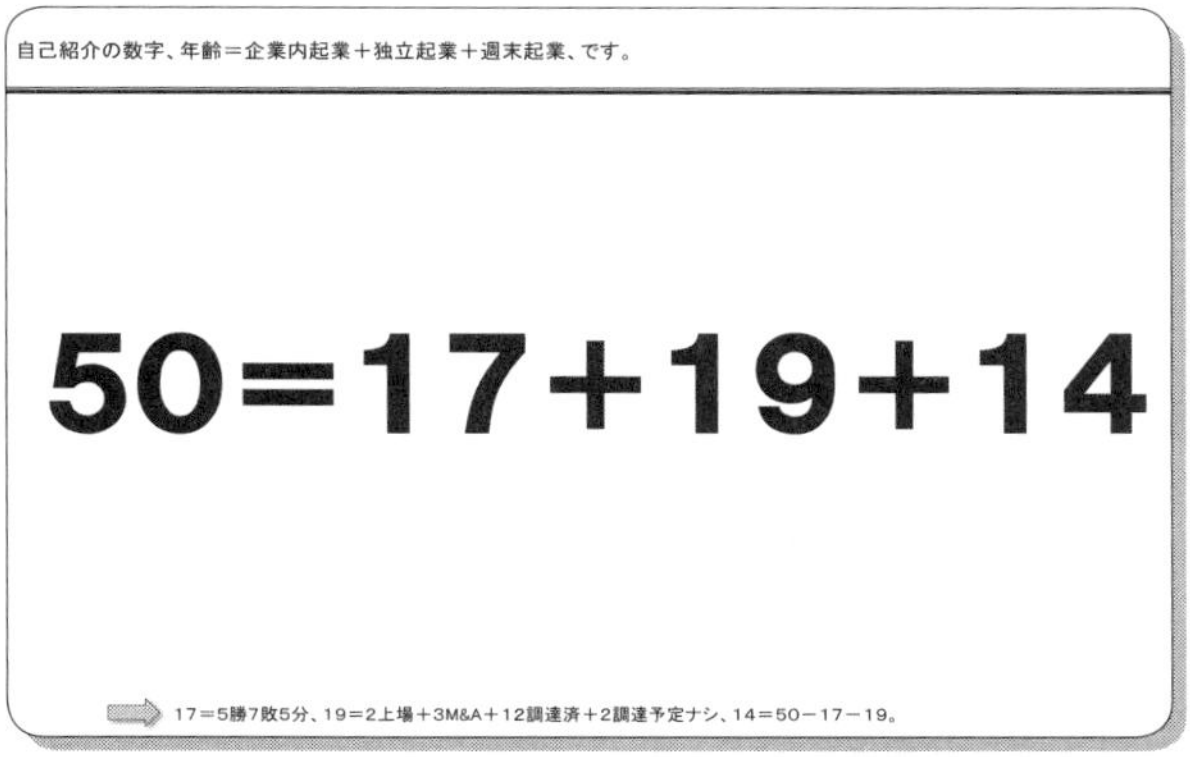
自己紹介の数字、年齢＝企業内起業＋独立起業＋週末起業、です。
50=17+19+14
17＝5勝7敗5分、19＝2上場＋3M&A＋12調達済＋2調達予定ナシ、14＝50－17－19。

↳ 資料「起業50」より抜粋。217ページから232ページまでに全ページ掲載

図表1　仕事のプロとしての履歴書　「起業50」とは?②

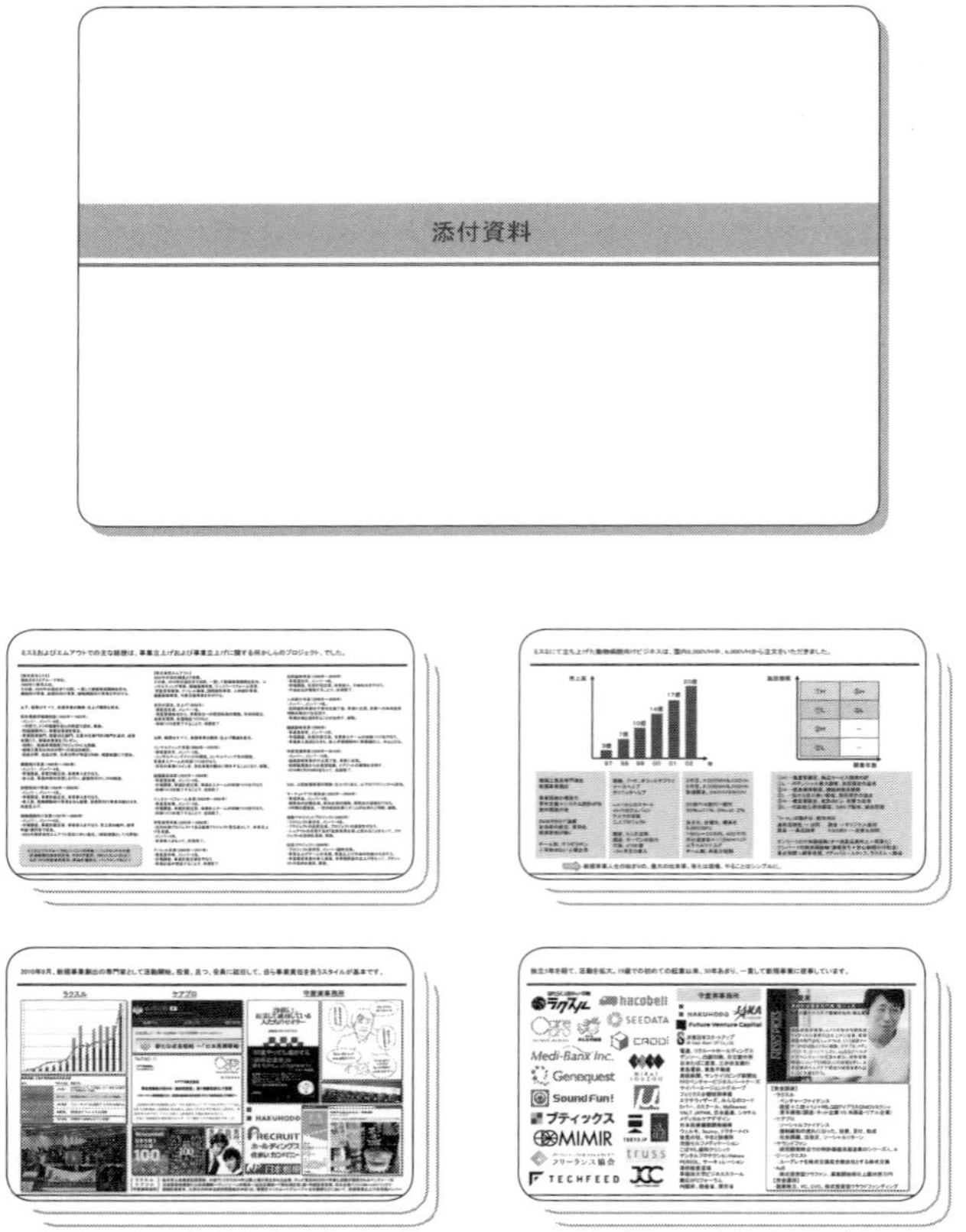

↳ 資料「起業50」より抜粋。217ページから232ページまでに全ページ掲載

「私は、新規事業の専門家で、今までミスミ時代にはこれとこれとこれをやって、エムアウトではこれとこれとこれをやって……」という説明は、長ったらしくなりがちなうえに、そもそも人は聞いてくれませんし、覚えてくれません。

それよりも、数字で、今までどれだけ新規事業を手掛けてきたのかシンプルに見せる方が視覚的に一発で分かるし、インパクトも出るのではないかと考えたのです。

子供でも覚えることのできる、ワンフレーズキャッチコピーを目指しました。

もっとも、ここまで簡略化しても、一度聞いただけの人であれば、「50イコール何とかかんとかで、とにかく新規事業ばっかりやっている人」というレベルでしか、記憶に残してもらえないと思います。

でも、それだけでも残してくれたら御の字です。


ちなみに、私は、たまたま数字で「魅せる」のがベストでしたが、みなさんも同じようにすればいいとは思っていません。

伝えたい相手に、伝えたいインパクトを残す方法はいくらでもあると思います。

ここは個々人が知恵を絞って考えてみてください。

そして、自分なりの芸風をまとめた、「仕事のプロ」としての履歴書を、ぜひ、作っていただきたいです。

それが、自らの芸風を最もアピールできる、自分自身の「取扱説明書」となるからです。

11歩目

1行のコピーに、自らの職業人としてのすべてを注ぎ込む。

「会社のプロ」は、
1枚の名刺でたくさんの仕事、
「仕事のプロ」は、
一つの仕事でたくさんの名刺

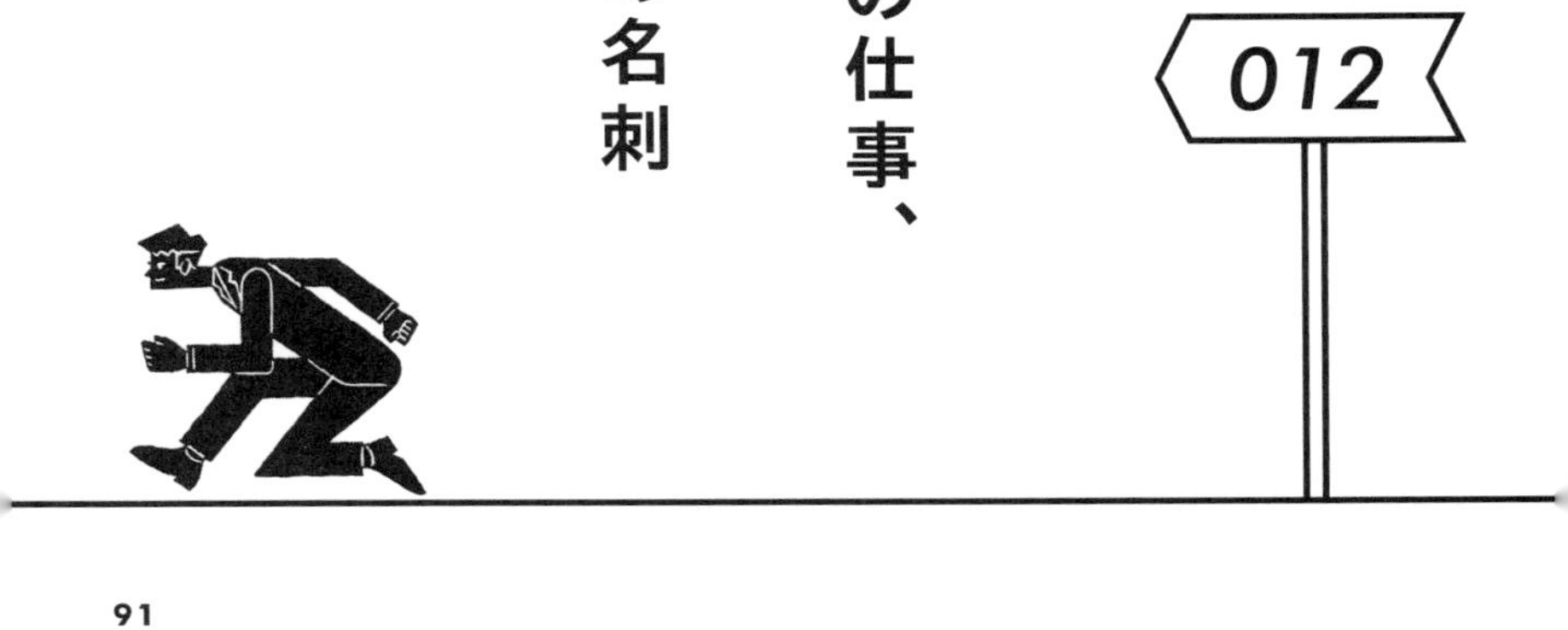

私が、今、持っている名刺を見せると驚かれることがあります。

個人で設立した会社、守屋実事務所の名刺以外にも、JAXAの仕事では「上席／J－SPARCプロデューサー・守屋実」、株式会社博報堂の仕事では「フェロー・守屋実」、介護業界に特化したマッチングプラットホームのブティックス株式会社の仕事では「取締役・守屋実」、JR東日本スタートアップ株式会社の仕事では「アドバイザリーフェロー・守屋実」という名刺を使っています。

もちろん、新たに創業に参画したベンチャーの名刺も、参画している数だけあります。

ちょっと変に聞こえるかもしれませんが、これだけ多くの名刺を持って仕事をするときに、私が一番大事にしていることは、名刺の数だけ人格を使い分けることだと思っています。どういうことか分かりやすく説明しましょう。

人格を変えるとは、その場に応じて、臨機応変に立場を変えるという意味です。

私の場合、新規事業という仕事のプロなので、新規事業を行っている会社なら、新たに創業した会社でも、さまざまな業界、企業規模であってもあまり関係がなく、多種多様なジャンルの会社に参画しています。

この「参画」という「当事者としての感覚」を、私は、とても大事にしています。

もし、私がそのときにラクスルの名刺を持って仕事をしていればラクスルの守屋ですし、ケアプロの名刺のときはケアプロの守屋になりきります。守屋実事務所の守屋とは別の人格という意識で仕事をします。つまり、その会社の当事者になりきる、相手の人格になりきるのです。

これは、ＪＡＸＡや博報堂の場合でも同じで、たとえ非常勤という立場でも「御社」ではなく「うちの会社」という意識でやっています。

「仕事のプロ」として、人それぞれスタイルはいろいろだと思いますが、少なくとも、「新規事業のプロ」である私にとっては、「可能な限りその会社の一員になる」ということが、仕事のスタート地点だと考えています。

新規事業は、道なき道をみなで進む、という仕事なので、「部外者」になった時点で、「仕事のプロ」としてのアウトプットの質が、単なる外注業者になってしまうからです。外部の専門家ではなく、創業仲間でありたい、といつも思っています。

気の持ちよう的な話ではあるものの、ここは、じつは大きな差分であり、似ているようでまったく違うと思っています。私自身、それが１００％できているかどうかは分かりませんが、できるようにと努力をしています。

相手の人格になりきることで見えてくるものがある

おそらく、みなさんも、この「人格を変える」「相手の人格になりきる」ということは、無意識に自然にやっているのではないでしょうか？

たとえば、営業職の人ならば、相手の立場になって考えてみることで、交渉の落とし所が分かったりすることがあるはずです。

また、会社で部長の人でも、家に帰ればお父さんであり、近所の町内会では○○さんの旦那さんに、親戚の子どもの前ではおじさんになるなど、その場に応じて人格はいくつも変わるはずです。

私は、新卒でミスミに入社して以来、一貫して新規事業に携わってきましたので、会社に所属しているというよりも、立ち上げた事業に参画している、という感じをずっと強く持っていました。

だから、「一貫した会社の人格」というよりは、事業ごと、つまり「仕事ごとに人格が入れ替わる」ということを人よりも強く意識していたからこうなったのかもしれません。

こんなに極端なケースの人はあまりいないかもしれませんが、「仕事のプロ」として、固定すべきは「仕事」です。

「会社のプロ」から「仕事のプロ」に意識をチェンジするといいながら、「会社」が固定されてしまったり、「役職」が固定されてしまったりすることが多いと思います。

ぜひ、努めて「相手の人格になりきる」ということを意識してやってみてください。

12歩目

「仕事のプロ」は、その仕事をやり遂げるための、当事者意識が大事。

012

「会社のプロ」は、1枚の名刺でたくさんの仕事、「仕事のプロ」は、一つの仕事でたくさんの名刺

仕事に必要な情報を、必要なときに、必要なだけ集めて活用する

「仕事のプロ」として、「自らの仕事ぶりを可視化する」「参画者としての当事者意識を持つ」。

これらが大事だということをここまで語ってきましたが、これらと同じく大事なことに、「あなたが設定した分野における情報の受発信」があります。

「仕事のプロ」を目指すのであれば、プロとして見合うだけの情報は持っているべきですし、周りも、あなたがそれを持っているものだと期待しています。

そしてすでに述べたように、仕事のプロであるからには、「この分野に関しては、まず○○さんに聞こう」と第一想起されるようになる必要があります。

では、どうやって、そこに至ればいいのか？

よくある間違いは、そもそもゴールを間違ってしまうことです。

「仕事のプロ」として、「その仕事に必要な情報を、必要なときに、必要なだけ、集めて活用する」ということが大事なはずなのですが、気付くと、その分野の批評家になっていることがあります。

「その分野の仕事のプロ」というよりは、「その分野の仕事情報集めのプロ」という感じで、その仕事を行うために情報を活用するはずが、情報を取り扱うこと自体が仕事化されてしまうのです。

一生懸命、情報を受発信するのですが、その努力の仕方が、「ニュースとなったものをくまなく受信する」「受信したニュースに対する意見をたくさん発信する」という努力の仕方になっているのです。

それらの努力をすべては否定しないですが、それだと「仕事のプロ」が目指すべき方向とは、いくぶんのズレを感じる努力になってしまいます。

「情報の受発信量」にこだわるのではなく、「仕事の成果」にこだわるのが仕事のプロです。成果につながるような大事な情報、タイムリーな情報を受発信するために、感度を上げるべきポイントを絞っておくことが大事です。

「ビジネス感度」を上げておくことでチャンスが掴みやすくなる

カフェにいるときに隣の席の人たちの会話が聞こえてきて、気になるキーワードが引っかかり耳を澄ませてしまうことがあると思います。

街を歩いていても、道行く人の何気ない会話の断片が気になったり、たまたま見かけた看板のキャッチコピーが印象に残ったり。社内で仕事をしているときも、会議に出てきたワンフレーズが引っかかることがあります。

こうしたことは誰にでもあると思いますが、これは、アンテナが立っている状態だからです。周波数が合うから受信できるラジオと同じで、分かりやすい例で言うと、自分のウワサ話なのではないでしょうか。

人は、自分のウワサには敏感なので、そこだけは、音が耳に飛び込んでくるのです。

反対に、気になることが自分の中になければ、受信すらできません。カフェの会話も耳に入らず、看板のキャッチコピーや会議のワンフレーズも目に入らず、素通りしてしまいます。どの情報も際立たず雑然としたままですから、ラジオの砂嵐のように周波数はなかなか合いません。

「仕事のプロ」として、必要な情報に対してはアンテナを立てておき、必要なときにキャッチできる「ビジネス感度」を上げておくことで、「仕事のプロ」としてチャンスを逃さず、掴みやすくできるのです。

ちなみに、「新規事業のプロ」である私が、感度を上げている分野は新規事業全般なのですが、そのなかでも、今まさに立ち上げている分野と、今後立ち上げようと決めている分野については、とくに感度を上げています。

この「立ち上げようと決めている分野」ですが、じつは私は、常に、やってみたい新規事業がいくつもあり、それを「仕掛り在庫」として自分の中にストックしているのです。

ですから、街を歩いているときに気になるフレーズが出てきて、それが「仕掛り在庫」にヒットするキーワードだったりすると、音が耳に飛び込んでくるのです。

そして、「やるかやらないかは別にして、誰と誰と誰に連絡してみようかな？」と行動に移したりすることもあります。

その結果、そうした行為の繰り返しのなかで、まだ形になっていない仕掛り在庫が仕掛り在庫でなくなる瞬間、つまり新たな事業が立ち上がる瞬間が、情報の受発信がキッカケで起きたりするのです。
こうした情報の取り扱いと行動の差が、「その分野の仕事のプロ」と「その分野の仕事情報集めのプロ」の差だと思います。

13歩目

「仕事のプロ」は仕事の成果に直結する情報を受発信する。

「仕事のプロ」は、予習と復習を怠らない

手帳を使うなり、ソフトを使うなりして日々のスケジュール管理している人は多いと思います。

このとき、予定は、どうやって入れているでしょうか？

多くの場合、「入った予定を入力（または手書きで記入）している」かと思います。

また、終了した予定は、どうしていますか？

多くの人は、「終わったら終わり」。特に、あとから見返すこともほとんどないでしょう。

それはそれで、良いと思うのですが、「会社のプロ」から「仕事のプロ」になるなら、スケジュール管理も、自ずと変わってくるのではないでしょうか。

「会社のプロ」から「仕事のプロ」に変わるということは、

「受身的」なスケジュール管理から「能動的」なスケジュール管理に変わる。

「会社主導」から「自分主導」に変わる。

ということでもあります。

「会社のプロ」は、今日も明日も、そしておそらく来年も再来年も、平日の昼間は、その会社のための時間なのだと思います。具体的な仕事内容が決まっていなくても、「会社に労働力を提供する約束」があるので、転職でもしない限り、ある決まった時間をその会社のために確保しておくことが前提になります。

一方、「仕事のプロ」は、自ら入れた仕事の予定があれば予定ありですが、入れた予定がなければ予定なし、ということです。もちろん、会社に勤めながら、「仕事のプロ」として働く人もいるので、一概には言えませんが、「仕事のプロ」の方がスケジュールに対する能動性や主体性が高くなることは間違いありません。

ちなみに、私は、グーグルカレンダーを使ってスケジュール管理をしています。

グーグルカレンダーで日次決算をする

お使いになっていない方には分かりにくいかもしれませんが、私なりの使い方を説明しましょう。

グーグルカレンダーは、1日ごと、週ごと、月ごと、年ごとなど、カレンダーの形式が選択できるようになっています。スマホでは1日ごとの日次、パソコンでは週ごとの週次の2つを主に活用しています。

私の場合、グーグルカレンダーによるスケジュール管理の主な目的は、仕事の予習と復習のためです。当日の予定管理（スケジュール把握）は副の目的になります。

一般的には、予定管理のために使う方が大多数でしょう。たとえば、「5月13日午前9時~10時、A社打合せ」というように予定を入力し管理する、というものです。


一方、私が言う主の目的とは何かというと、「仕事のプロ」としての活動が、本当にプロに値したものだったのかを復習し、もしそれに値していなければ値するように予習する（事前に準備する）ということです。つまり、予定の管理というよりは、目標の設定と振り返り、のために使っているのです。

つまり、「ある一つの予定」に対して、必要に応じて、資料を読み込む、作成するなど事前準備のための予習スケジュールを組んだり、その予定がうまくいかず失敗で終わってしまった場合に、その失敗をリカバリーするための、一連の対応のための復習スケジュールを努めて前倒しで組んだりする、という使い方です。

他にも、「予備時間」というスケジュールで、メールや資料確認などの諸作業や、緊急で対応が必要となってしまったことに対応するバッファー枠を確保しています。

また、これが一番特長的かも知れませんが、グーグルカレンダーの終日表記を活用して、毎日、「日次決算」をしています。

たとえば、その日は1日中あれこれ忙しかったはずなのに、振り返ってみるとただ作業をこなしていただけで、成果に結びつくようなアクションがとれていなかったと思うときってありますよね。

その日にやりとりしたメールを見直してみて、「たくさん送っているけど、大きなアウトプットになるようものを仕込んでいなかったな」ということが見えてきて、「ああ、やっていたつもりになっていただけだったんだな」と反省します。

この反省の仕方なのですが、私は、ミスミとエムアウトで合計20年、田口弘さんのもとで仕事をしてきたので、振り返りをするときも「田口さんに報告できるかどうか」が自分の中での一つの基準になっています。

これはもう、まったくもって個人の好き好きという話ですが、私の場合は独立してもなお、「この程度のアウトプットだと、田口さんには怒られるだろうなぁ」などと想像する方が、リアリティがあって分かりやすいのです。

大抵のことでは褒めてくれないハードルの高さがあるので、仕事をしていくうえでの自分の甘さに気づき、戒めとするのに、ちょうどいいのです。

グーグルカレンダーで週次決算をする

また、毎週日曜日の朝、30分の時間を使って、「週次決算」もしています。

「日次決算」をしてはいるものの、バタバタして短期的だったり、その日限りの刹那的な振り返りだったりするので、それを補うために落ち着いて俯瞰的に見渡す時間を週末に取っているのです。

この時間帯を使って、予習の洩れや復習の洩れを見つけ、キャッチアップするための予定を入れたりしています。

この「日次決算」と「週次決算」をやっていて、つくづく思うのは、

体感アウトプットと現実アウトプットには、違いがある、

図表3　グーグルカレンダーで「週次決算」をする

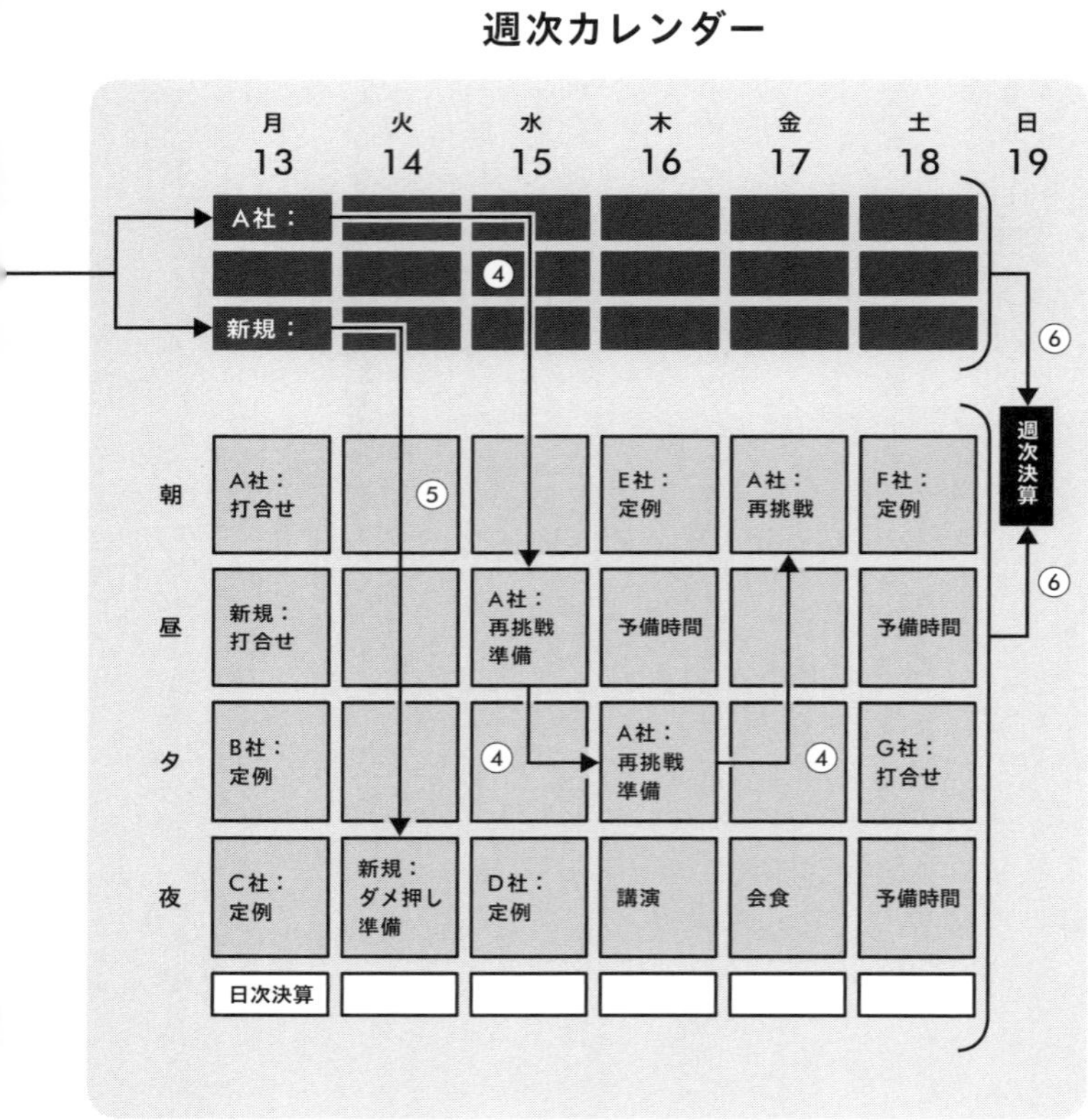

④「日次決算」より、挽回のためのスケジュールを組む。
⑤「日次決算」より、加速のためのスケジュールを組む。
⑥30分かけて1週間を振り返り、「週次決算」（■）を入力する

図表2　グーグルカレンダーで「日次決算」をする

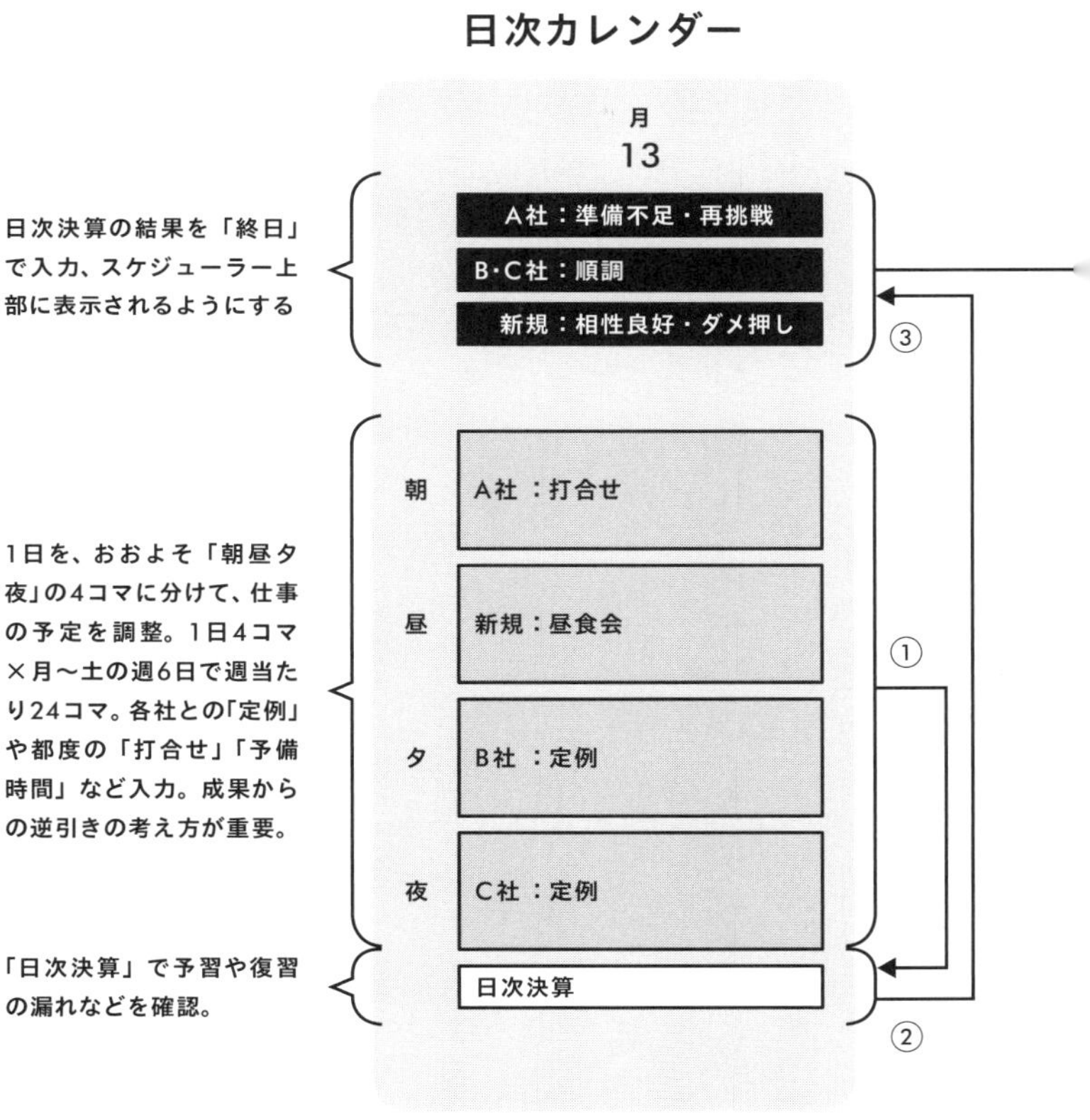

①1日の予定（▭）が終了したら、
②その日の最後に「日次決算」（▭）を行い、
③その結果を「終日欄」（■）に入力する。

ということです。

日々の体感値で言うと、猛烈にバタバタした日や一区切り感のある仕事の切れ目のときに達成感、やった感があるのですが、時間をおいてから振り返ると、そこまでの成果にはなっていないこともあるのです。

「仕事のプロ」であるからには、バタバタしていたかどうかより、「で、実際はどうだったのか?」の方が、よっぽど大事です。

そういったことは、アタマでは分かっているのですが、日々流されているなかで、ついつい見過ごしてしまったり、気付いていながら、仕方ないと見ぬふりをしてしまったりする弱さが自分にはあります。

だから、「日次決算」と「週次決算」は、「仕事のプロ」としての成果を振り返るちょうどいい機会でありツールとなっているのです。

読者のみなさんも、1日に何度も使うスケジューラーだからこそ、能動的に使い倒してみてはいかがでしょうか。

そうすることで、ただの「予定管理ツール」が、あなたを「仕事のプロ」として鍛えてくれる「成果管理ツールや自己研鑽管理ツール」に変わります。

14歩目

「仕事のプロ」は、仕事の成果のために時間をコントロールする。

30年近く続けている「起業の心得」というメモ

スケジューラー活用に近い話で、もう一つ、私が長年にわたって継続して実行していることをお伝えいたします。

会社で仲間がいいことを言っていた、本の中に印象深い一文があった、SNSで流れてきた文章の中にハッとするものがあった……。

日々の活動のなかで、メモ、メモ、と思うことは、多々あると思います。

私は、これを「起業の心得」というタイトルをつけた、一つのワードファイルに、ただただ、ひたすら書き留め続ける、ということをもう30年近くも行っています。新入社員のときにスタートして、今現在も、ほぼ毎日記録をつけています。

なぜ始めたかと言えば、理由は至極簡単で、「なるほど！」と思ったのもつかの間、翌日には、何をなるほどと思ったのか、すっかり忘れてしまうことが多々あったからです。それで、忘れてしまっても大丈夫なように、とにかくメモする、ということを習慣にしたのです。

ただ、几帳面に分類などを始めて完成度を高めようとすると挫折すると思ったので、ただひたすら、時系列に沿って書き足していくだけにしました。

ただ、それだけ、です。

図表4　30年近く書き続けている「起業の心得」

起業の心得

マーケットアウトとは、顧客の立場に立ち、顧客視点で真の顧客ニーズを理解し、マーケットの利益を最大化するビジネスを創造しつづけることである。

顧客側から自分たちを見ると新しいビジネスが生まれる。

不安定な中に飛び込む経験が結果として安定を呼び寄せる。

マーケットインはプロダクトアウトと同じ方向の流れである。だから、顧客志向という名の下に、ビジネスモデルもマネジメントシステムも、プロダクトアウト仕様となっている。商品ありきサービスありきで、マーケットありきではない。工場には稼働率があり営業には販売ノルマがある。つまり、自社都合を押し付けてしまう構造となっているのである。

マーケットアウトビジネスは、マーケットニーズに忠実に基づいた商品・サービスを提供する以上、理論的には100%成功する。しかし、現実においてはビジネスを運営する上でマーケットニーズに基づかない自社都合を優先させ、成功に至れないことが殆どである。顧客の真のニーズを発見し、それをいかに早く商品・サービスに反映できるか、その姿勢こそがビジネスの成功率を高く保ち続けるかの重要な鍵となってくる。

作ったものを売るためにお金をかけるビジネスがプロダクトアウト、何を買えばいいかを知るためにお金をかけるビジネスがマーケットアウトビジネス。

マーケットアウトビジネスは先にマーケットが決まる点で、マーケットインと決定的に違う。

マーケットアウトもマーケットインも、どちらも顧客に近づく方法としては同じだが、構造的に近づけるのがマーケットアウトである。

マーケットアウトとは、事業及び企業にとって根本的な方向を示すものであるため、トップのコミットメントがその成否に大きく影響する。

マーケットアウトとは、ビジネス倫理を規定する基軸である。

マーケットアウトビジネスが本当にマーケットアウトであるかは、最終的にはマーケットが決めることである。

マーケットアウトビジネスがプロダクトアウトビジネスに陥る罠は、ビジネスの至る所で見受けられる。特に、抽象的な概念を具体化する時や自身の成功体験に引きずられることは、誰もが陥る罠である。

マーケットアウトビジネスの完成イメージを持つことは大事だが、どこから入り、そしてどうやってそこに至るのかの方が、より大事である。マーケットアウトの完成イメージを目指し、一気に理想を求めた大きな入り方をすることは、まさにプロダクトアウトである。絞り込んだマーケットに高付加価値をもって参入し、走りながら如何に進化していくのかがマーケットアウトビジネスなのである。


↳「起業の心得」より一部抜粋。233ページから238ページにも一部を掲載この習慣を始めたのは、大学を卒業してミスミに入社した直後、22歳のときでした。なので、かれこれ30年近く続けていることになります。

ちょっとしたフレーズを書き留めることは、誰でもするかもしれませんが、それを30年近く続ける人は少ないかもしれません。

当初のタイトルは、「田口弘語録」というものでした。

本書に何度か出てくる、当時のミスミの社長であった、田口さんです。

まだパソコンがなかった時代だったので、田口さんが言ったことで印象深いことや覚えておいた方が良さそうなことを手帳にメモして、忘備録代わりにしていたのです。

しばらくするうち、田口さんが言ったこと以外にも、社員の誰かの言葉で印象に残ったことや、本やテレビでの紹介を見て気になったりしたこともメモしたくなったので、途中から「起業の心得」というタイトルに変更しました。

はじめはそれ用のノートを作って手書きでメモしていたのですが、時代が変わり、パソコンが普及し、スマホが登場してデジタルで記録するようになりました。

メモの仕方は変わりましたが、今でもひたすら気になったらメモ、を重ねています。ボリュームですが、２０１９年4月現在で、２００ページ、30万文字を超えました。

ここまで溜まると、「メモ」を超えて、すでに「書籍」の領域になるかもしれません。

あまり大きな声では言えませんが、書店に行って平積みされている書籍の山の中から、特定のキーワードに関する本を片っ端から拾い読みし、「要はこういうことかな」と、自分なりの1行にまとめたものを、メモしたりもしています。

こうなってくると「自分のためだけの書籍」のような性格を帯びてきます。

この「自分のためだけの書籍」の活用方法も、厳格なルールを課すと挫折するので、気の向いたときに読む、必要なときに検索して確認する、ということだけにしました。

ただ、それだけ、です。

約30年分のメモは「自分のためだけの最高の1冊」

空き時間に適当な箇所をランダムに読み直したり、あるいは、失敗したとき、成功したとき、「これって前にも、考えたことあったかも」と思ったときに、それに関するキーワードの検索をかけて該当箇所を確認してみたりしています。

読み返してみて、改めて「なるほど」と思った箇所があったら、その前後を適当な分量コピーして、自分宛にメールしたりもしています。

実際に、同じようなことをたびたび書いていたことに、検索してはじめて気づくことがあります。何度も同じようなことを書いているということは、「何度も重要だと思ってメモしている」ということです。かつ、「重要だと思って書き留めた割に、記憶に定着していない、身についていない」とも言える訳です。

たとえば、この本の中でも、たびたび大事だと語っている「動く」ということについて「起業の心得」を検索すると、35件もヒットしました。

そのうちのいくつかを挙げると、以下のようなメモが出てきます。

・素人のように考え、玄人のように動く。
・良く学び、良く考え、良く動く。
・動く人に、人は動かされる。
・動かない中で見える景色は静止画像である。しかし、動き始めると自分自身の視点が動くことにより、いままで見えていた静止画像の背後に隠れていたものや、その静止画像の奥行きを認識できるようになる。この「多面視ができる」ということが、動くことの大きな意味である。
・大企業は、リーダーシップで動かず、空気で動く。
・企業の生活習慣病は、3つある。声も気持ちも上がらない病、会議はするが何も決まらず動かない病、バタバタ動くが結局何にもならない病、の3つである。
・考えてから動くではなく、動いてから考えるでもない。考えながら動く、である。

こんな感じのメモが、30万文字、綴られているのです。
短いものから、長いものまでマチマチで、すべてについて、そのメモした瞬間の景色を覚えている訳ではありませんが、それでも「実体験とセットでメモした自分だけの書籍」は、30年分の体験、体感が詰まっている「自分にとっての最高の1冊」となっています。

15歩目

「ただ、それだけ」も、30年続けると「それだけ」ではなくなる。

30年、続けられますか？
「仕事のプロ」は、
量稽古して勘所を掴む

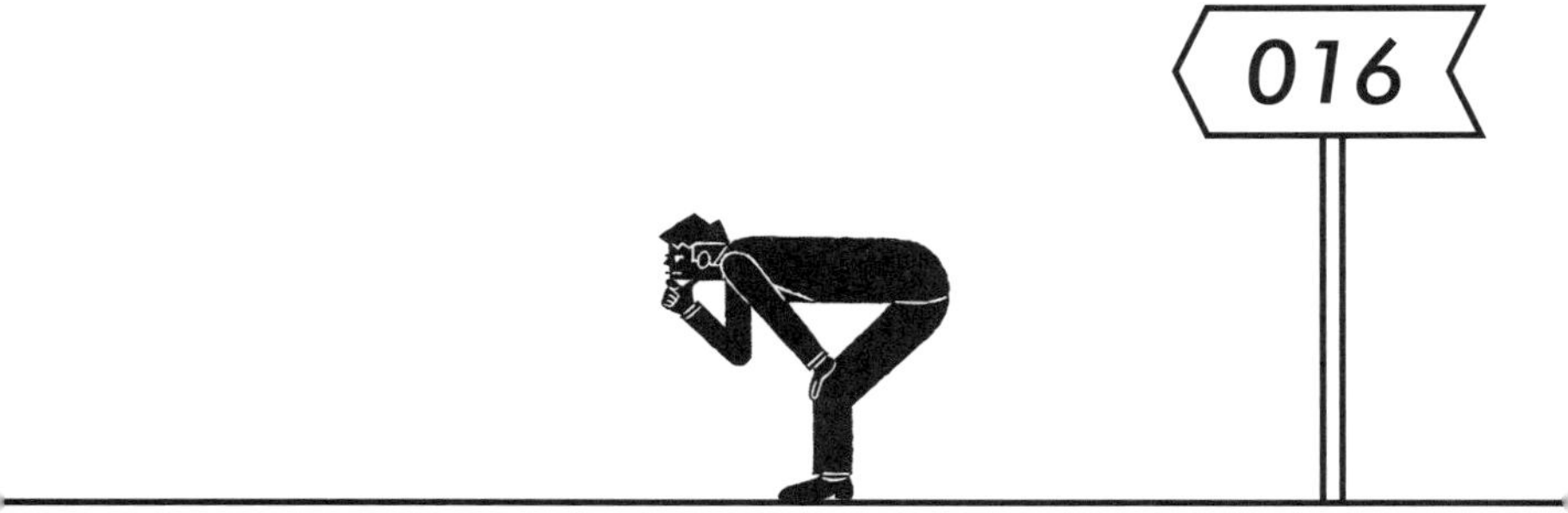

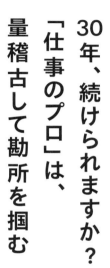

私が「仕事のプロ」であり、より具体的には、「新規事業のプロ」であるとしたら、その一番のウリどころ、他の新規事業のプロとの差別化のポイントは、

「30年続けてきたという量稽古」の部分です。

私は、今でこそ、いくつかの会社の代表をやっていますが、これまでの経験の多くは一人の従業員としての立場でした。

また、「仕事のプロ」としてのセンスが光るというよりは、呑み込みが悪く器用でもないので、どれか一つをアピールするとしたら、やはり、「一貫して頑張ってきた」が正直なところなのです。

しかも、じつはこの一貫性、当初は、自らの意志ではなく「上から与えられたもの」でした。

私は、ミスミに入社したとき、田口弘さんに、こう言われたのです。

「我が国には、経理のプロや法務のプロはいる。弁護士が弁護がうまいのは弁護ばっかりやっているからだ。しかしながら、翻って我が国の新規事業を見ると、その事業がうまくいったら、事業責任者としてその事業とともに出て行ってしまい、2回ぐら

い失敗したら二度とアサインされなくなってしまう。だから、常に新規事業の素人が新規事業を担っており、あらゆる企業で、おびただしい非効率がそこかしこに散在している。これではダメだ。だから、あんたはずっと新規事業だけをやるんだ」

私の新規事業人生が、始まった瞬間でした。

以降、田口さんのもとで2社、20年間、何かしらの新規事業にアサイン（任命）され続けました。溜めた知見のほとんどは失敗の知見なのですが、その意味するところは、「それだけの失敗を20年間も許されてきた」ということです。

本当に稀な話であり、ある意味、追随不可能な偉業なのではないかと思います。私の偉業なのではなくて、田口さんの偉業というのが、正しい表現だとは思いますが。

そういった経験を踏まえての今なので、「量稽古をすることで勘所を掴む」、という部分には、一定のこだわりを持っています。

なので、講演などで、20代ぐらいの方から、「どうしたら、守屋さんのようになれますか？」という質問があったときには、

「私は、社会人を30年近くやってきました。なので、下積み生活を30年近く続けたら、間違いなくなれると思いますよ」

とわざと答えたりすることがあります。

実際には、あっという間に30年が経ち、自分としては「下積み」という感覚はありません。「好き」だから30年も続いたのです。

もっと言えば、正直なところ、「下積みをすればモノになる」とも思っていません。複利の効果は素晴らしく、日々の進捗の積み重ねがあれば、その下積みは大きな価値を生みますが、漫然と過ごす時間の積み上げでは、下積みから抜け出せない人になってしまうだけだと思うからです。

一方、以前、寿司学校に3か月通っただけの寿司職人がミシュランに載ったことが話題になりましたが、この例からも分かるように、下積みをしなくても頭角を現す人もいます。今は、物事の流れが、私が社会人になりたての頃よりはるかに速くなっていますから、単に苦節ウン十年の演歌歌手のような下積み生活を強いる考え方では、単に時代に取り残されるだけかもしれません。

ではなぜ、あえて「下積み」という言葉を使うのか？

その理由は、「手っ取り早く安全確実に新規事業のプロになりたい」というニュアンスを言外に感じてしまうことがあまりにも多いからです。

失敗せずに、かつ、最短でうまくいく方法が知りたい。

その気持ちは分からなくはないですが、都合良く最善、最高の結果を求めても、うまくいくわけがありません。それは、いくらなんでも虫が良すぎるだろうと思います。

「仕事のプロ」になるための、手っ取り早い方法は、むしろ量稽古だったりするのです。


たとえば、野球がしたくて野球部に入っても、はじめは毎日の筋力強化などのトレーニングを行い、バットすら握らせてもらえず、ようやく素振りの練習ができると思ったら、来る日も来る日もトレーニングと素振りだけ。やがて、やっと練習試合で打席に立てたが空振り三振ばかり。でも、その後も筋トレを続け、走って持久力をつけ、素振りをしてと、練習を繰り返すことで、少しずつピッチャーの投げる球を見極められるようになり、打てるようになり……という「基礎の積み上げの先の実り」という世界は、一定程度、世の中には存在します。

量稽古を避けるな、ぶつかれ

仕事もそうで、はじめは周囲や先輩に仕事のやり方を教えてもらい、必要な知識を学び、いざ始めたところで教わった通りにすんなりうまくいくはずはなく、失敗や反省を繰り返しながら、少しずつ身になっていきます。

その積み重ねの中で、商売のコツを学び、「あの球を投げれば興味を持ってくれるかもしれない」「前回はうまくいかなかったけど、この変化球ならどうかな？」などの「勘所」が掴めてくるのです。

あるいは、先輩の背中を見て「こんなふうに仕事を進めるとより効率がいいのか」「こういう対応は見習いたいな」と、仕事の技術や姿勢を吸収するなどして、いつしかそれが自らの仕事にもいい形で反映されてくるのだと思います。

それらは、量稽古があるからこその話であり、そして行きつく先は、

ある一定の閾値を超えた量稽古をこなすと、初めての新たな仕事にも既視感が生まれ、散漫に散らかった現象の山の中に本質を見出し、まだ見えていないことが多い段階でも決断をすることができるようになる

のです。

「仕事のプロ」になりたいという人には、これらの過程は付き物であり、量稽古は避けて通るよりむしろ、早く体当たりした方が、トータル、最終的に、ショートカットになるのだと思います。

16歩目

閾値を超えて仕事を重ねると、やがて、「仕事プロ」の景色が見えるようになる。

column 2

Takaya Haneda

私はこうして新しい一歩で人生を変えた

理想は、ライスとライフが一致する仕事だけをしていくこと

羽田隆也（はねだ・たかや）
株式会社バスユニット代表取締役

Profile

1985年、東京生まれ。2008年、早稲田大学理工学部卒業後、大手証券会社に入社。同社で投資銀行業務に従事する。2012年に印刷EC事業のラクスル株式会社に3番目の社員として参画。事業のプロジェクトマネジャーとして事業立ち上げの推進、カスタマーサポート部門の立ち上げ、管理組織の構築、資金調達等の業務を担当。2014年に証券会社に復職。2018年、アートと経済を考える株式会社バスユニットを設立し、代表取締役に就任。アーティストと経営者向けのサロンの運営や企業内アート展示を進めている。

株式会社バスユニット代表取締役の羽田隆也さんは、平日は逗子市にある自宅兼オフィスで仕事をして、週に2〜3回打ち合わせで東京に出るという生活をして1年になる。

大学では理工系だったが、新卒で入社したのは大手証券会社だった。同社では、ＩＰＯ（株式上場支援）業務に従事。複数社の上場を手掛けるなど、多くの仕事を経験させてもらえたという。

「3年くらいで一通りの仕事を経験させていただきました。それで、今の自分だとどのような会社に転職ができるのだろうと転職エージェントに会ってみたのですが、自分には市場価値が全然ないことが分かって愕然としました。やっている仕事があまりにニッチすぎて価値がつかなかったのです」

そんなときに知人からベンチャーの社長に会ってみないかと言われて会ったのがラクスル株式会社社長の松本恭攝《やすかね》氏だった。

「松本さんと3時間くらい話したのですが、なぜか最後には握手していました（笑）。何をやるのかよく分からなかったのですが、この人と仕事をしたら面白そうだなと思って転職を決めました」

こうして羽田さんは新しい一歩を踏み出し、3番目の社員としてラクスルに入社した。

「ラクスルでは約3年弱仕事をしました。プロジェクトマネジャーとして事業立ち上げの推進、カスタマーサポート部門や管理組織の構築、資金調達の仕事などをやりました。でも、最後の2か月はずっと後頭部が痛くて、ストレスだったのでしょうね。このままでは体が壊れちゃうなと思って。ある日、松本さんに『辞めます。船から降ろさせてください』と言いました」

その後、羽田さんは新卒で入った証券会社からの誘いもあり元の職場に復帰した。

「戻って以前と同じ仕事をしたのですが、知り合いを通じてベンチャーの人からいろいろと相談が寄せられるようになりました。資金調達のやり方を相談したいとか、事業の立ち上げについて壁打ちしてほしいとか。それでランチミーティングをしたりとか、週末の土日にボランティアで相談に乗ったりするようになったのです。自分の少しの経験でも人の役に立てているというのが嬉しかったです」

小さな一歩の積み重ねが大きな一歩になる

そうして社外の活動が増えていく中で、羽田さんの心境にだんだん変化が生じるようになったという。

「あるとき、『なんで会社に朝8時に行かなくちゃいけないいんだろう？　なんで職場に8時間拘束されないといけないいんだろう？』と、ふと疑問に思うようになったのです。今の仕事なら、週3回の勤務でも十分できちゃうんじゃないかなと」

「そして、徐々に、自分の好きな人といろいろな種類の仕事をやっていけたらいいな、という思いが強くなってきました。自分は、いろいろな経験を組み合わせて、新しい価値を創造するのが好きなんだということに気づきました」

そうした心境の変化と、家を建てるなどプライベートな問題が時を同じくして起こったことで、羽田さんは嫌でもライフスタイルについて考えるようになり、結果、独立起業という方向に大きく舵を切り、今の生活スタイルになった。

「でも、独立当初は必死でした。まずはライスワーク（食べるための仕事）を確保しなきゃという感じで、仕事時間の9割はそのために割いていました。具体的には、新規事業の立ち上げ、IPOコンサル、資金調達、経営まわりの相談などの業務です」

それが現在では、ライスワークが3割、ライフワーク（面白いと思える仕事）が7割に逆転したという。

「これからは、できるだけライスとライフが一致するような仕事だけをしていきたいです。アートと経済を結びつけるバスユニットの仕事はそのうちの一つです。他にもいくつか会社を立ち上げる計画もあります」

自分がやりたい仕事が、そのままお金にもなるというのが理想のライフスタイルだという。

「ラクスルへの転職と証券会社に戻ったあといくつかの会社の相談に乗ったこと。この2つが自分の中では新しい一歩であり、大きな一歩になりました。この本を手にする読者の方も、この本を手に取った時点で、すでに小さな一歩を踏み出しているのではないでしょうか。そんな小さな一歩を六歩、七歩と続けていけば、それがいつしかその人なりの大きな一歩になると思います」

新しい一歩を踏み出そう!

What steps are you taking
to make changes
in the future?

第3章
Chapter 3

私はこうして「仕事のプロ」になった

自ら考え、動き、成果を出す

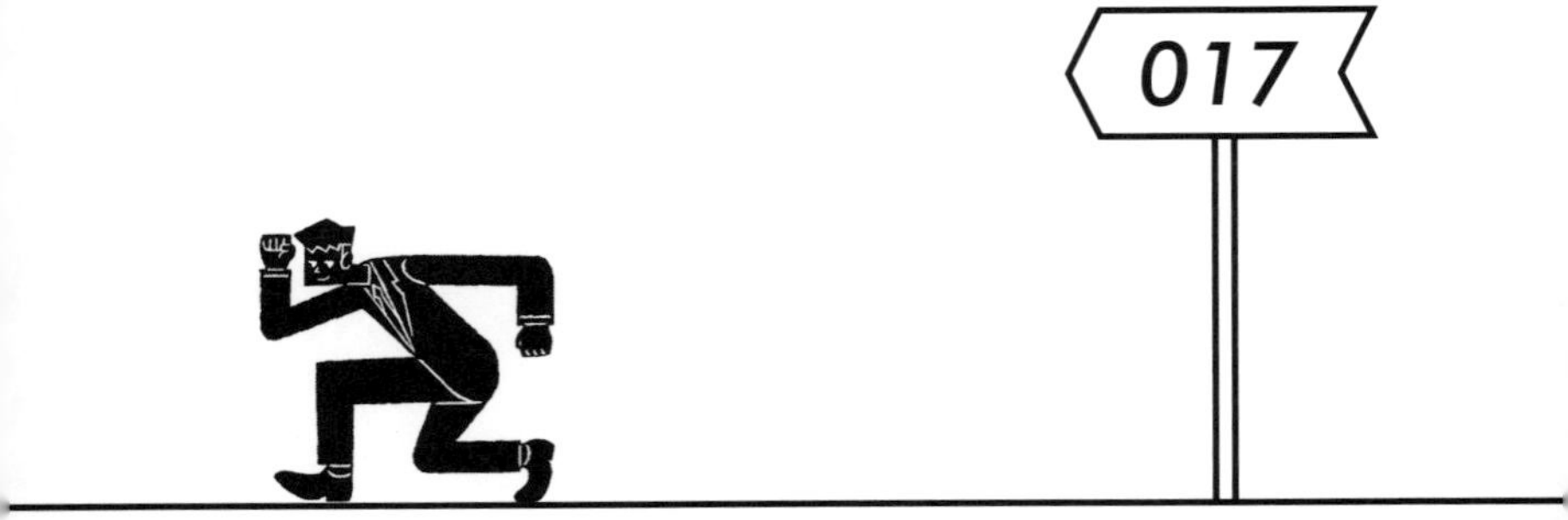

私は、「仕事のプロ」として、ミスミ、エムアウト、そして独立してから現在に至るまでの30年近く、新規事業だけを手掛けてきました。

もちろん、最初から「仕事のプロ」だったわけではありません。本章では、「仕事のプロ」でもなんでもなかった私が、「仕事のプロ」、特に「新規事業のプロ」という特殊な道を歩むことになった体験や経験を時系列でお伝えしていきます。

新規事業に興味のある人はもちろん、そうでない人も、仕事に対する姿勢や考え方でヒントになることがあればいいな、と思います。

まずは、私が「仕事のプロ」になるべく「洗礼」を浴びた社会人1年目の出来事から始めます。

バブル時代の終わりにミスミに入社した当時の私は、「世の中はうまくいくようにできている」「明日は今日より良い日」「失敗したら次から連勝すればイイ」、くらいに世の中をナメていました。

大学1年生のとき、19歳で会社を創っていたこともあり、社会人としての修行を1年くらいしたら、また会社でも興そうか、とも思っていました。

まったく大間違いでした。

1年かけて行われた「新入社員プログラム」と、配属先事業部で取り組んだ「新規事業プロジェクト」で、私がいかに未熟であるかということと、「仕事のプロ」がいかに凄いかということを、徹底的に叩き込まれました。

今となってはいい思い出なのですが、当時は、「明けることのない夜」「降りやまない雨」のような感じで、仕事以外の記憶が一切ない状態でした。

入社1年目にしたことは、前述の「新入社員プログラム」と「新規事業プロジェクト」の2つ。

まず、「1年かけて行われた新入社員プログラム」なのですが、これが何かというと、じつにユニークな、プログラムでした。

人事も配属先も関与しない、すべて自力で考え、やり遂げる、放置プレーでした。

その年、新入社員として入社したのは、私一人だけ。

ちょうど、新卒採用について考え方が変わった区切りの年であり、「基本は中途採用、新卒はいいのがいたら」ということになっていたそうです。

結果、私の知る限り、最も自由な新卒新社会人生活を体験することができました。

どんな新卒新社会人生活だったかというと、1年を1学期、2学期、3学期に分け、学期ごとに配属する部署を自ら選び、それぞれの学期末に配属された部署の課題と解決策を経営会議でプレゼンする、というものでした。

当時の詳細については、経営会議でプレゼンした「ワープロで作った紙の資料」が一部手元にあるだけで、あいまいな記憶に頼る限りなのですが、

1年間の活動を「自ら考え、動き、成果を出す」という、まさに「仕事のプロ」の1回転目、という体験でした。

私はよくわからないながらも、1学期は新規事業を創出する部署、2学期は顧客対応の部署、3学期は生産管理の部署を選びました。

「新規事業を創出する部署」は、入社時にいったん配属された先だったので、そのまま、その部署にいさせてもらうことにしました。

「顧客対応の部署」と「生産管理の部署」は、機械工業系の専門商社であったミスミの、「仕入れて売る」という構造の、価値の基本となる部署だと思って選びました。

入社1年目で劣等生に

「新規事業を創出する部署」では、「学期末の経営会議プレゼンに向けて動く」ということが、あまりにも社会人として未熟過ぎて何もできず、結果、その部署の責任者の方のカバン持ちをすることになりました。

当時、「どんな新規事業を、どうやって創出すべきか」という、そもそも論を検討していくにあたり、世界的に有名なコンサルティング会社、マッキンゼーに、コンサルに入ってもらっていました。マッキンゼーからミスミに乗り込んできた数名のコンサルタントは超がつくほど優秀で、ホワイトカラーとは、かくもスキルに差がつくものかと、へんな感心をしてしまったほどです。

入社ほやほや、右も左も分からないまま放り込まれた私は、チームの中で、早速、問題児になってしまいました。なにしろ、周りが言っていること、言われていることが何なのか全然分からないくらい、劣等生だったからです。

打合せ中に使われるカタカナの意味が分からず、ノートにメモしたカタカナの単語のスペルが分からずに辞書も引けない、というほとんど冗談みたいな毎日でした。

また、ミスミでの私の上司は、このときの新規事業創出のために外資からヘッドハンティングされてきた人で、コンサルタントの方々に負けず劣らず、とても優秀な方でした。マッキンゼーのコンサルタントと、対等かそれ以上でやり合うために、30センチくらい積み上げた専門書を読み漁り、あらゆる準備をしてプロジェクトに臨むというスーパーマンでした。

これが、地獄の日々でした。

連戦連敗、分単位で反省する日々に、「自分は世の中で一番バカなんじゃないか？」と自己嫌悪に陥ったりもしました。

この上司のもとには、トータルで2年くらいいたのですが、覚えている限りでほめられたのは、たった2回だけ。

一つは、私が書いたレポートに「ｇｏｏｄ！」と返事が一言、書いてあったこと。

もう一つは、その上司が作った資料にコメントを求められ、勇気を振り絞って上司とは違う仮説を説明したところ「なるほど！」とこれまた一言だけですが、言ってもらえたことでした。あまりにも嬉しくて、その両方の資料をしばらく持ち歩いていたほどです。

これらの経験が、今となって何の意味があったのかというと、私に「仕事のプロ」の天井を見せてくれた、ということでした。とてつもなく高い天井です。

そして、それは見ただけでなく、体感して、身体と心に刻み込まれました。

ちなみにそんな私が、「仕事のプロ」「新規事業のプロ」として、こうして書籍も書かせていただいていますが、今もって、あの時に見た天井は、越えられていません。

17歩目

お手本となる仕事のプロの実力を体感し、身体と心に刻み込む。

誰もがやることを、誰もやらないくらいやり切る

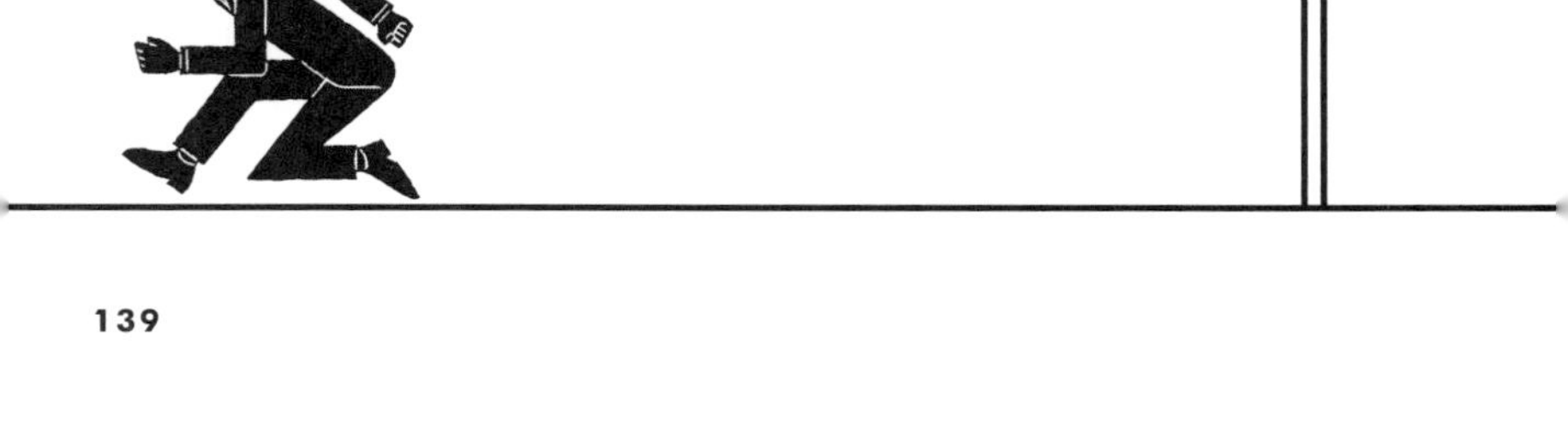

こうして入社1年目の1学期が終わり、2学期は「顧客対応の部署」、3学期は「生産管理の部署」でそれぞれの課題を見つけ、解決策を示すことになりました。

このとき、早々と私が出した結論は、

「社会人1年目の私に、課題を見つけ、解決なんてできるはずがない」「それぞれの部署の方々も、私の意見なんて望んでいない」ということでした。

だから、自分で考えるのは、やめにしました。

でも、課題は見つけないといけません。

期末試験に相当する、経営会議でのプレゼンが用意されていたからです。

1学期は、カバン持ちをすることでプレゼンを回避できましたが、今回はそうもいきません。

では、どうしたか？

ひたすら現場に出かけて、愚直に意見を聞いて回ることにしたのです。

「顧客対応」の課題と解決策を見つけるために、実際に様々なお客様の会社に毎日のように足を運び、「生産管理」の課題と解決策を見つけるために、実際に様々な製造委託先の会社に毎日のように足を運び、直接意見を聞いたのです。

コメントが相当数集まればなんらかの傾向が見えてくるし、問題の原因、その原因の原因も見えてくるのではないかと考えました。

さらに、どうせ行くなら、過去、誰も行ったことがないくらい集中的に回りまくり、量にモノを言わせて、この難局、経営会議でのプレゼンを乗り切ろうと。


結果、作戦勝ちでした。


たとえば、当時、ミスミは品質がいいことを自負していましたが、お客様の話をよく聞くと、「ある特定の商品においては、一定程度のハズレがあるので、それを見越して発注している」といったような事実が浮き彫りになったのです。

たとえば、当時、ミスミは持たざる経営を標榜していました。今で言う、B to Bのシェアリングエコノミーの会社だったのです。

しかし、ミスミの取引額が売上げの多くを占めている生産委託先は、「実質、スイッチ不能な依存状態にある」ということが浮き彫りになったのです。

誰もがやることを、誰もやらないくらいやり切ったら、今まで見えなかったものが見え、迫力が生まれ、信頼を勝ち取ることができたのです。

これらの経験が、今となって何の意味があったのかというと、私の「仕事のプロ」としての経験の「1回転目」でした。

もちろん、私が「仕事のプロ」として「仕事ができた」という意味ではありません。「仕事のプロ」と言うには、ほど遠かったのですが、「自ら考え、動き、成果を出す」という「一連の取り組みの1回転目」だった、ということです。

これがこのあとの、2回転目、3回転目、4回転目と続く、「仕事のプロ」への道のりのスタートでした。

18歩目

ひたすら現場に出かけ、愚直に意見を聞く。

勝ち筋を見極める

前述の「1学期」に自らの配属先として選んだ「新規事業を創出する部署」とマッキンゼーのコンサルタントによる新規事業創出の混成チームは、その後、ミスミの勝ち筋を明らかにしました。

そして、チームはその勝ち筋が当てはまる市場で新規事業の勝負をかける、というシンプルなシナリオを導き出しました。その勝ち筋とは、

①非効率が散在していて、
②その非効率を集約できて、
③そこに経済原則が働く市場があったら、カタログ通販で参入する

というものでした。参入市場の優先順位も示され、結果、もっとも優先度が高い、「メディカル市場」に参入することになりました。

機械工業系の会社であるミスミが、本業とはまったく関係のない飛び地であるメディカル市場に参入する決断ができたのは、この「勝ち筋の見極め」があったからでした。

この「勝ち筋の見極め」は、まさに「仕事のプロ」の仕事でした。

当時、もし自分が「勝ち筋の見極め」を一人でしたら、「顧客を広げてみる」「商品を広げてみる」「売り方を変えてみる」など、パッと見て分かる表面的な方法、安易な思考しか思い浮かばなかったでしょう。

でも、さすがにマッキンゼーのコンサルタントは違いました。

ミスミの強みの本質は何なのか？　それはどういった構造なのか？

という視点だったのです。

これまでミスミの中に、「なんとなく漠然とあったもの」を、切れ味鋭く可視化してくれたのです。

言っていることは難しくはなく、一度聞いただけで、すっと肚に落ちる内容でありながら、これまでミスミの誰もが示すことのできなかった「自社の勝ち筋」でした。

19歩目

「仕事のプロ」は、ビジネスの本質を可視化する。

もう一歩、突っ込む

この「メディカル市場」参入のプロジェクトは、スキルで格段に劣る私には出る幕はありませんでした。

ただ、参入の優先度が高いメディカル市場がミスミの本業とは関係のない飛び地であったがゆえに、プロジェクトメンバーでは想定顧客が思うように見つけられず、そこに、私の出番が回ってきたのです。

それまでに培った人脈、私の知り合いを通じて、想定顧客にたどりつくことができたのです。

前述した「勝ち筋」に沿って創り込まれたメディカル事業は、当初のコンセプトを「ナースヘルプ」と呼んでいました。小規模病院を対象とした「看護師向け医療材料カタログ通販」事業です。

たとえばカテーテル、メス、ガーゼ、包帯、カット綿などの医療材料をはじめ、看護師が必要とする聴診器、ナースシューズ、ユニフォームなどがカタログで選んで注文できるというものです。

たしかに理屈は満たしており、想定顧客へのヒアリングにおいても、一定の可能性を感じるコメントが取れてはいました。

でも、いざフタを開けてみたら、これがまったくうまくいきませんでした。

その理由は、看護師には医療材料の発注権限がなく、便利なサービスではあるものの、顧客の現場に変化を起こさせるほどのインパクトが無かったからです。

理屈はあっていたはずだし、想定顧客に一定数ヒアリングはした。

「経営会議を突破できたし、事業計画書の通りにやったはず」だったのですが、でも、ダメでした。

どうにもならなかったので、ここで「一度目」のピボット（方向転換）をすることにしました。

ターゲットを小規模病院ではなく「クリニック」に変更したのです。

病院よりも規模の小さなクリニックなら、院長が医療材料の発注権限を握っているので大丈夫だろうと読んだのです。

「クリニックヘルプ」というコンセプトに改め、院長向けに再参入すれば何とかなるだろうと、ピボットしました。

失敗の分析結果に対する次の打ち手としては、正しかったはずです。

でも、これもまた、うまくいきませんでした。

医療材料の発注権限は確かに院長にあったのですが、競合が、単なる物販以上の細やかなサービスを提供していたために競い負け、売れ行きが伸び悩んだのです。

2回連続、二度目の失敗です。

正しく考え、正しく手を打ったはずなのに、一度目も二度目も、あまりにも、初歩的な部分で躓いてしまいました。

こうなると、社内でも逆風が吹き始めました。

機械工業のカタログを扱う「本業」の社員からは、

「なんでその程度のこと、始める前に分かんなかったの?」「お前たち、誰のおかげで飯が食えてると思ってる?」と、面と向かってイヤ味を言われ始めました。

その頃です。突然、都内のある動物病院から注文が入ったのです。

「なんで、動物病院が?」「そもそもカタログを渡していないはず」「注文あったの、動物用じゃなくて、人体用だし」と、さんざん市場調査をしていた割には、少しズレた市場は、まったく見当つかずでした。

そこで、よく分からないから、まずは現地調査だ、ということで注文主の動物病院に行ってみることにしました。

そこで分かったことは、動物病院は、「まさにミスミの勝ち筋に合致していること」

「競合に競い負けず、顧客の行動の変化が見込める」ということでした。

もっと分かりやすく言うと、お金の匂いがしたのです。

これまでの努力が、理屈一辺倒で現場感がなかったとは、今も思っていません。調査を重ね、二次情報でざっくりと全体を調べ、市場を理解、一次情報で仮説を検証し、事業計画の確度を確認しました。

しかしながら、その先の「お金の匂いがする」というような、理屈を超えた感触、手応えのような、血の通った商売ベースの部分で、決定的に突っ込みが足りなかったのでした。もう一歩の突っ込みが足りなかったのです。

与えられた業務を誠実に頑張った「だけ」だったのだと思います。

20歩目

「仕事のプロ」は、お金の匂いを嗅ぎ分ける。

失敗から学び、得た学びで、また前進する

その後、この「動物病院での現地調査」で得た感触、手応えをもとに突き進もうとしたのですが、そうはいきませんでした。

すでに2回失敗している私の話は、社内では迷走しているようにしか聞こえず、会社を説得するだけの信頼が足りていなかったのです。

そこで、何をしたか。

「現場」に潜り込んだのです。

会社を休んで1週間、ご縁をいただくことができた埼玉県にある動物病院でバイトをさせてもらいました。

新人1年目のとき、既存事業のお客様の会社と生産委託先の会社に、誰よりも足しげく通うことで信頼を勝ち得た、あの経験を活かしたのです。

動物病院の隠れたニーズを掘り起こす

1週間の動物病院でのバイトで掴んだことは、いくつもありました。

直接現場に入り込んで事実を集めることがいかに重要かを、改めて認識しました。

たとえば、動物病院は常に総合病院状態で、かつ、小規模なので院内で使う医療材料はあらゆるものが、ちょっとずつだけ欲しいということです。

人間の病院なら、外科、内科、婦人科、眼科など細かく分かれていますが、動物病院はそんな風には分かれていません。すべてを診る必要があるうえに、犬、猫、うさぎ、フェレット、鳥など、総合科目の総合患者を扱う病院だったのです。

まさに、ミスミの勝ち筋に合致していました。

また、出入り業者にとっては、人間の病院に比べて「格下」の扱いで、一院あたりの売上高も相対的に高くないので、日々の営業活動の中で、優先順位があまり高くありませんでした。

そういった環境だったので、動物病院の先生方は、その業界における「新しい販売方法」や「新しい購入方法」を受け入れるだけの状態にあったのです。一般の人からは見えない、隠れたニーズ、潜在的な市場がそこには存在していたのです。

こうした現場の声、事実に裏打ちされた説得力あるプランを再提案することで、会社の承認を得ることができました。

その後、事業は、三度目の正直で、ついに成長軌道に乗せることができました。

初年度、社内体制わずか二人で立ち上げた「動物病院向け医療材料カタログ通販事業」は売上3億円を達成。

6年目には総勢6名で売上20億円、全国8000軒の動物病院のうち6000軒から注文をいただくまでに成長させることができました。

これらの経験が、私の「仕事のプロ」としての経験の「2回転目」でした。

もちろん、「2回転目」であっても、まだまだ、「仕事のプロ」と言うには未熟で、一発当てただけ、でした。

さらにこのあとの3回転目、4回転目の挑戦に続いていきます。

21歩目

「仕事のプロ」は、過去の経験を有効利用する。

連続起業と同時起業を並行して走らせる

「来月末でいいか？」

ある日、唐突に、田口さんからこう聞かれました。

当時、田口さんはミスミの社長を、『V字回復の経営』などの著作で有名な三枝匡さんに引き継ぎ、会長になっていたのですが、すでに「ミスミの次」を構想されていました。新規事業だけを手掛ける新会社「エムアウト」を設立したのです。

私が聞かれたのは、この「エムアウト」へ転職するという話でした。

来月末というのは、私が「ミスミを退職し、エムアウトに入社する日」のことでした。

じつはこの話、田口さんと三枝さんの間で話が済んだあとに、聞かされたのでした。つまり私は、自分の転職を田口さんから聞いて知ったのです。

もちろん、まったく本人が知らない、縁もゆかりもない話だったわけではなく、いくぶんの伏線はありました。

田口さんが考えていた「コンテンポラリーアートのEC事業」について、個人的に何度か田口さんとブレストをさせていただいていたのです。

ただ、それでも、転職の声掛けをしていただけるとは思っていなかったので、とても驚き、かつ、とても嬉しかったことを覚えています。

エムアウトは、ミスミとはまったく関係のない独立会社で、創業当時、ミスミからの転職者は私だけでした。しかも、取締役としての参画だったからです。

これが「仕事のプロ」としての3回転目の挑戦であり、初めて企業経営に携わることになりました。

「新規事業のプロ」として本格的な量稽古が始まる

「新規事業の専門会社」であるエムアウトは、じつに野心的な会社でした。

会社のビジネスモデルが、

「自社の社員、自社の資金、自社のアイデアで事業を生み出し」

「うまくいったら売却」

「売却額と投資額の差分が、次の事業投資の源泉」

というものでした。

会社を、事業の入り口から見ると、すべての事業が新規事業で、新規の参入を検討中、もしくは参入したばかりという、赤字だらけの事業会社です。

一方、出口から見ると、結局、作った事業は売ってしまうので、超ハンズオンのVC（ベンチャーキャピタル）に見える事業会社です。

このじつにユニークなエムアウトでの経験が、「新規事業のプロ」としての本格的な量稽古の始まりでした。

田口さんが、私がミスミに入社したときに言っていた、

「我が国には、経理のプロや法務のプロはいる。弁護士が弁護がうまいのは弁護ばかりやっているからだ。しかしながら、翻って我が国の新規事業を見ると、その事業がうまくいったら、事業責任者としてその事業とともに出て行ってしまい、2回ぐらい失敗したら二度とアサインされなくなってしまう。だから、常に新規事業の素人が新規事業を担っており、あらゆる企業で、おびただしい非効率がそこかしこに散在している。これではダメだ。だから、あんたはずっと新規事業だけをやるんだ」

の話が、まさに、会社の構造として具現されていたのです。

そして、この「実際に何度も事業を立ち上げる経験」に加え、さらには「いくつかの事業を同時に立ち上げる経験」もさせていただきました。

連続起業に加え、同時起業です。

これは、「新規事業は十中八九うまくいかない」「なのに一分の一で成功を強いるとうまくいかないと思っているものまで、うまくいくと言ってしまう」「だから事業の生存確率を許容し、ピボットやギブアップを受け入れる構造にしておく必要がある」

というような考え方に基づいた、新規事業の立ち上げ方でした。

それに加えて、「新規事業立ち上げのノウハウ」を「型化」することにも取り組みました。「新規事業立ち上げのノウハウ」は、どうしても、「個別独自ノウハウが属人的に溜まりがち」です。

なので、それを努めて可視化、組織で共有しようと工夫しました。

新規事業の専門会社なので、その失敗も成功も含めて全ノウハウを会社のノウハウにしようという取り組みでした。

失敗が重なったときには、「なぜこんなにも失敗ばかりするのだろうプロジェクト」を、たまにうまくいったときには、「なぜ今回はうまくいったのだろうプロジェクト」に取り組んだりしたのです。

これもまた、ある時、田口さんから、

「いくつもの新規事業を抱えているからと言って、いくつも事業をやっていると思うな。経理の担当者が3つの事業の月次決算を抱えているとき、私は3つの事業をやっています、とは言わないだろ。あんたは、新規事業しかやっていないんだ。だから、一つのことしかやっていないんだ。そう思えなくても、そう思うんだ。すべて共通だと思えば、やがて、本当に共通項が見えてくる。そうすることで、起業専業企業としての勝ち戦のポイントを見極めていくんだ」

ということを言われたからです。

しかし、これについては、「はい、分かりました」とは言いつつも、正直、心の奥底では「いくつもの新規事業を抱えているんだから、いくつもの事業をやっているとしか思えない」と思いながら格闘する日々でした。

22歩目

「仕事のプロ」は、成功パターンを「型化」しようとする。

量稽古をして型を磨き、型をもって量稽古をする

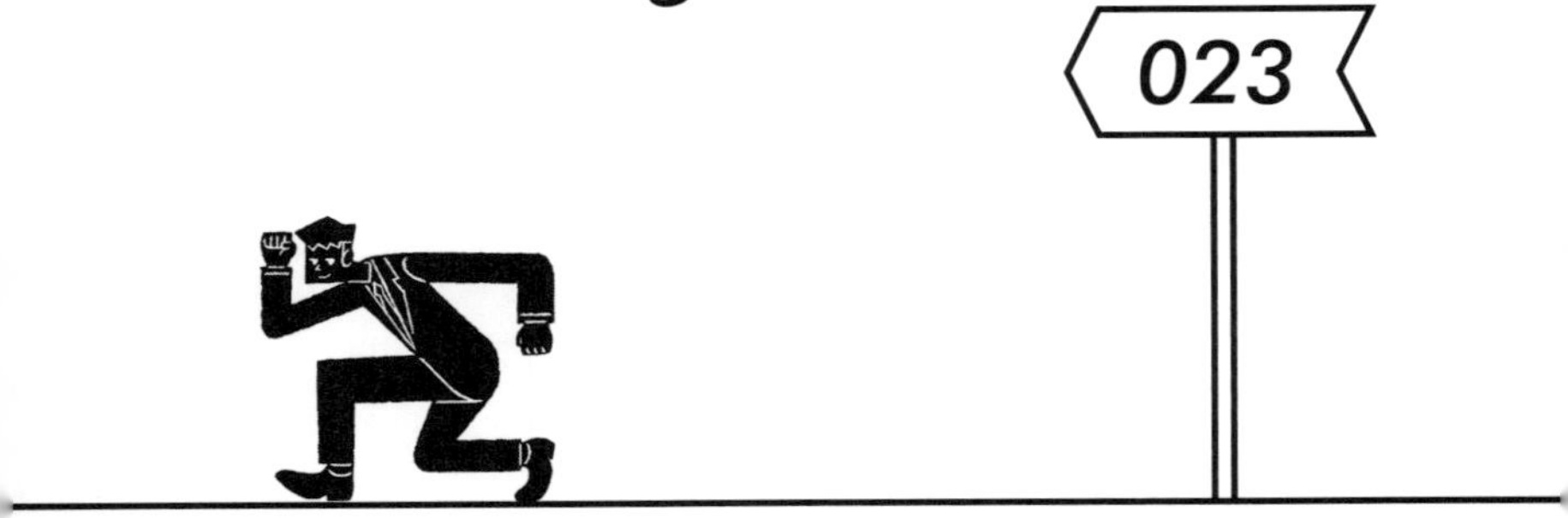

前項で述べたように、起業専業企業としての勝ち筋のポイントを見極めていくために、なんとか、当時の私たちが編み出した「型」は、次の3つでした。

①事業コンセプトの型である、「マーケットアウト、プロダクトイン」
②事業開発の型である、「開発、推進、参入という工程別管理」
③組織開発の型である「起業のプロと業界のプロの組織マトリックス」

たった3つなのですが、それでも、ここに行きつくまでには、人もお金も時間も、たくさん、たくさん、投入する必要がありました。

以前、マッキンゼーがミスミの勝ち筋を見極めましたが、ここに掲げた3つは、エムアウトのみんなと総力を挙げて生み出した「新規事業の型」でした。

①事業コンセプトの「型」である「マーケットアウト、プロダクトイン」は、エムアウトにおいて、事業を立ち上げる際の重要な考え方でした。

通常「マーケティング」の教科書で習う言葉は、「プロダクトアウト、マーケットイ

図表5　①事業コンセプトの型

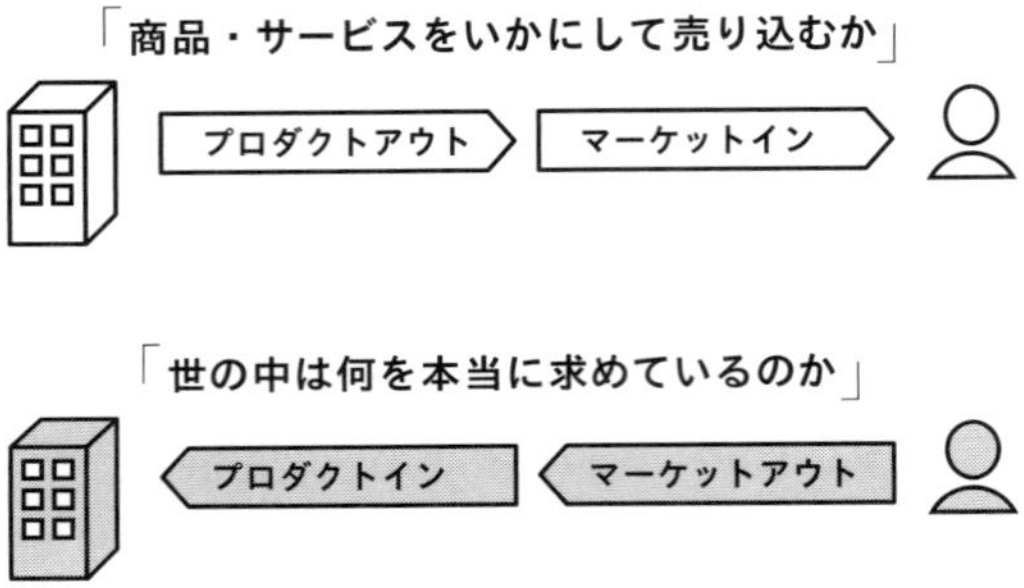

ン」だと思います。

モノが不足していた時代にはいかにして物を作って届けるか、と言うことが重要です。作り手の交渉力が高かったからです。

だから、「プロダクトアウト」が重要だったのです。

しかしながら、時代が進むに連れ、モノの不足が解消され、次第にモノが余り始める時代になりました。買い手の交渉力が日々高まってきました。

だから、より顧客の側に寄り添う、「マーケットイン」が重要になったのです。

エムアウトは、さらにその先を見据

えていました。

さらに時代は進化していて、著しくモノが余り始め、買い手の第一選択肢に「買わない」が入り始めました。

もはや、作ったモノを売るコストと、求められたものを調達するコストでは、調達するコストの方が安くなる時代になりました。

販売コストと調達コストが、逆転をし始めたのです。

だから、これまでの、「プロダクトアウト→マーケットイン」という方向の流れでなく、もはや流れは逆向きの、「マーケットアウト→プロダクトイン」という考え方の「型」なのです。


次に、②事業開発の「型」である「開発、推進、参入という工程別管理」は、エムアウトにおいて、事業を開発する際の重要な手順でした。

新規事業は、最終の完成形から参入することは難しく、検討に検討を重ねたうえでもなお、一定程度の失敗は避けられない、すべてがうまくいくわけではない、そういった生存確率を前提とした手順です。

なので、新規事業開発を、生存確率の区切りに沿って、「開発、推進、参入」の3つ

図表6　②事業開発の型

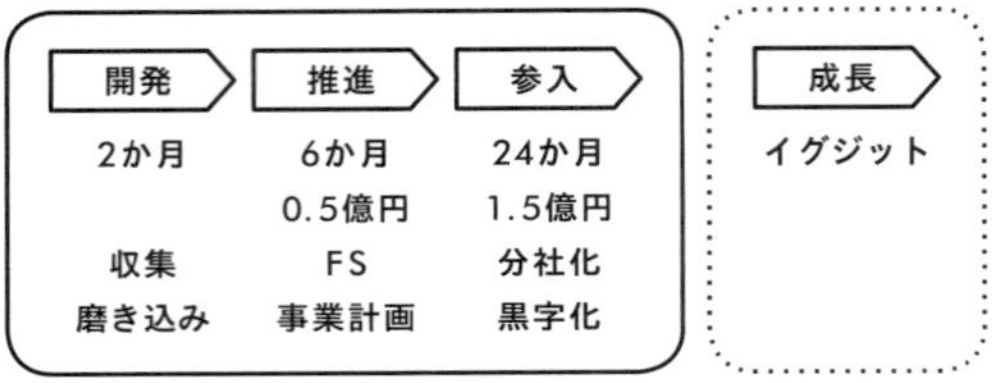

- **「事業を起こす人」と「事業を成長させる人」を分ける、という発想。**
- **「起業」分野に特化した組織、人。**

に分けることを考えました。

「開発」は、事業開発の最初の段階で、インタビューやアンケートなどを行いながら、事業計画の材料の収集、磨き込みを行います。

この工程に与えられた時間軸は2か月でした。これ以下だとあまりにも詰めが甘く、これ以上かけても大きな進化が見込めない分岐点となる時間軸が、2か月でした。

「推進」は、開発の次の段階、実証実験を行う工程です。「開発」で見出した事業仮説に基づき、その仮説が本当なのか、実際に本番さながらの環境を作り試し打ちを行います。この工程に与えられた時間軸と予算は、6か月5000万円でした。この時間と予算の中で、事業成長シナリオの肝となる要素について、粗方の確認を行うことで、事業計画の蓋然性を確認したのです。

「参入」は、推進の次の段階、実証実験の結果を経て、満を持して本格的に事業を展開する工程です。「開発」「推進」と2つの工程を経たことにより、その事業の勘所はすでに押さえ済みであり、迷うことなく成長シナリオに邁進できます。攻めの戦略を実行するための予算として、1・5億円の事業資金が用意されました。

もちろん、ここに示した金額や時間軸は、それぞれの企業の目指すところ、事業の個性、現実の制約条件などから、まちまちだと思います。エムアウトにおいても、あくまでも、「当時」そう考えていただけ、です。

ただ、まちまちでないものとして、事業開発する際の共通した考え方として「工程別」「生存確率」を基本的な構造とする「型」なのです。

そして、③組織開発の「型」である「起業のプロと業界のプロの組織マトリックス」

図表7　③組織開発の型

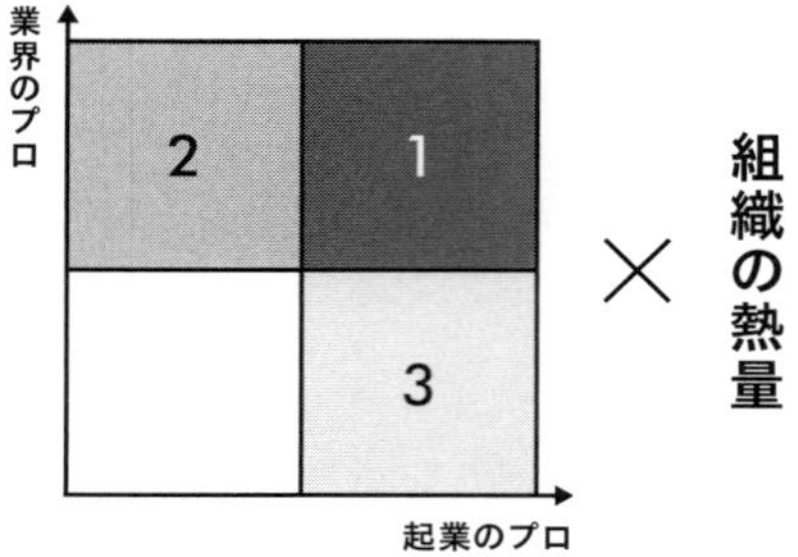

1…起業のプロ＞業界のプロ
2…不十分なハードル
3…不必要なハードル

は、エムアウトにおいて、組織を開発する際の重要な組み合わせでした。

これは、とくに大企業における失敗パターン、典型症状に対する処方箋となる手順です。

たとえば、ある大企業で、新規事業のための新組織「事業開発室」が作られたとします。このとき、ほぼすべての事業開発室から共通のセリフが聞こえてきます。

「今期中に何かを立ち上げなければ……」です。

このセリフはとても重要で、この意味するところは、「何をやるかは決まっていないが、やる人は決まっている」ということです。

でも、これは果たして、正しい手順でしょうか？

たとえば、「弁護士事務所という新規事業」を行うとしたら、自社の社員だけでなく、弁護士も雇うのではないでしょうか？

また、「病院という新規事業」を行うとしたら、自社の社員だけでなく、医師も雇うのではないでしょうか？

ここまで分かりやすい事例だと間違わないのですが、ここまで分かりやすい事例でないと、とたんに間違うのです。

「その新規事業に最適な布陣」で臨むのではなく、「本業がメインの体制の中から事前に人事異動させられた布陣」で新規事業に臨むのです。

これはつまり新規事業を見ずに、本業の方を向いている布陣なのです。

では、「その新規事業に最適な布陣」とは、どんな布陣でしょうか？

その布陣は、「新規事業のプロと業界のプロ」という二人格が揃っている布陣だと考えました。

自然人として「一人ずつ」でなくてもよく、「3人合わせて2・0人分の人格」でも良いです。また、その人格が社内にいないなら、社外の人間を巻き込んででも揃えるべき体制だと考えました。この二人格が揃っていないと失敗します。

なお、起業のプロと業界のプロの意見が割れたまま、まとまらなかったら、基本的には、毎回、「起業のプロの勝ち」としました。

なぜなら、その新規事業の「新規性」を潰さないためです。

組織を開発する際に、業界の知見は最大限生かしつつも、新たな試みに挑戦する姿勢を大事とした「型」だからです。

これまで述べた、3つの「型」

①事業コンセプトの型である、「マーケットアウト、プロダクトイン」
②事業開発の型である、「開発、推進、参入という工程別管理」
③組織開発の型である「起業のプロと業界のプロの組織マトリックス」

は、今も私の中で磨き続けている大事な「型」となっています。

こうした「型」をいくつも、いくつも、量稽古の中から身につけていくと、目の前で次から次へと起こるさまざまな問題・課題に、「いつか見た景色」として打ち手を見誤らずに済みます。

そして、一見何も起きていない、もしくは見過ごしてしまいそうな顧客やマーケットのわずかな変化を察知し、「何かがマズい」として警報を鳴らすことができるのです。

これが「仕事のプロ」の、量稽古の中から身につけた「型」の効果なのです。

これらの経験が、私の「仕事のプロ」としての経験の「3回転目」でした。

「3回転目」ですが、それでもまだ、「仕事のプロ」には至れていませんでした。

このあと、4回転目の挑戦に続きます。

23歩目

「仕事のプロ」は、顧客やマーケットのわずかな変化を見逃さず、警報を鳴らす。

「30年の量稽古」の積み上げが、大きく実を結ぶ

2018年4月3日　ブティックス上場
2018年5月31日　ラクスル上場

守屋実事務所として独立したのち、「新規事業のプロ」として、大きく、2つの新規事業活動を行っています。

一つは、「創業仲間としてベンチャーに参画をさせてもらう」こと。

もう一つは、「ベンチャー創業の経験を評価していただき、大企業の新規事業開発に参画させてもらうこと」です。

ブティックスの場合は後者の方で、参画したときには、すでに一定の企業規模になっていました。上場の際には、取締役として東京証券取引所で上場の鐘を叩かせていただきました。

ラクスルの場合は前者のほうで、創業翌月に参画、副社長として創業期を支えたのちに、今もなお、ラクスルの一員として籍を置かせてもらっています。

当然、どちらの上場についても、私の「仕事のプロ力」「新規事業のプロ力」の寄与はわずかで、ブティックス代表の新村祐三さん、ラクスル代表の松本恭攝さんを中心とするマネジメントチームと参画者のみなさん、そしてお客様、パートナー各社のみな様のお陰だったりします。

ですが、それでもやはり、この「2か月連続上場」は、私の「新規事業のプロ」人生において本当に大きな出来事であり、一歩も二歩も前進することができた、

仕事のプロとしての新たな4回転目でした。

「仕事のプロ」としての1回転目は、仕事のプロになるための洗礼でした。苦しみながら「自ら考え、動き、成果を出す」という仕事のひと回しを行うなかで、仕事のプロの天井を見ることができました。

2回転目は、マッキンゼーや外資からヘッドハンティングされてきた上司という「仕事のプロ」から得た学びでチャレンジするも見事に失敗、その「失敗から再び学び」、ようやく前に進むことができました。

3回転目は、エムアウトでひたすら量稽古でした。そしてその量稽古を3つの新規事業の「型」として磨き上げました。

そして、2018年の「2か月連続上場」が4回転目といえます。「仕事のプロ」として量稽古してきたこれまでの積み上げが、ようやく実を結びました。

この4回転の振り返りを、さらにそのポイントを抽象化してまとめると、こうなります。

1回転目＝教えてもらうことで学び
2回転目＝自ら実行することで学び
3回転目＝量稽古と型化で身につけ
4回転目＝ようやく実を結び始めた

じつに基本的なステップでした。

要領の悪い私は、30年という、だいぶ長い時間を掛けてしまったのですが、読者のみなさんは、本書を参考に、ぜひ、短時間で駆け抜けていただけたらと思います。

24歩目

量稽古の積み上げは、「仕事のプロ」としていつか実を結ぶ。

人に出会い、
人に学ぶことで、
自分の歩みを身につける

「仕事のプロ」4回転目のスタートとなった守屋実事務所の独立のタイミングは、突然やってきました。

ミスミ、エムアウトと、20年間、田口弘さんのもとで新規事業創出を担ってきましたが、ある日、田口さんからこう言われたのです。

「そろそろ20年になる。独立したらどうだ？」

私は、ミスミからエムアウトへ転職することを田口さんから聞いたのと同じく、エムアウトから独立することも田口さんから聞いた、ということです。

どちらのときも、本当に驚いたのですが、結果として、どちらの話も今となっては、とてもありがたい、絶妙なタイミングでの「非連続な成長のジャンプ」でした。

この「非連続な成長のジャンプ」は、自力での成長努力を超える、強制的な成長機会です。なので「会社のプロ」であっても、「仕事のプロ」であっても、なんとしてでも創り出したい絶好の機会だと言えます。

私の場合は、4回転のそれぞれの移行時が、まさにその機会でした。

1回転目から2回転目の移行時＝事業立上げ未経験から事業立上げ経験
2回転目から3回転目の移行時＝サラリーマンからサラリーマン経営者
3回転目から4回転目の移行時＝サラリーマン経営者から経営者

この中で特長的なのは、「サラリーマン経営者」というステップが入っていることでしょうか。これは、具体的には、エムアウトでの取締役就任を指しています。

取締役という立場を田口さんからいただきましたが、サラリーマンの行動や思考の延長線上にいて、また、新規事業の量稽古も型化も終えていなかった私は、「会社のプロ」と「仕事のプロ」のどちらの面から見ても、ちょうど中間でした。

中途半端とも言えるのですが、私としては、これが絶妙なステップとなりました。

1回転目、2回転目、3回転目……。そして、それぞれの移行時の非連続な成長のジャンプ。どの過程にも、たくさんの方との出会いがあり、導きがありました。

もし私が、最初から「仕事のプロ」、最初から「新規事業のプロ」だったら、誰の助けを借りるでもなく、自らの判断で目指すべき方向を決め、日々を歩み、ときにジャンプしながら成長を駆け抜けることができたのかもしれません。

しかしながら、私はそうではありませんでした。

たくさんの「仕事のプロ」に出会い、学び、そして、自分なりの「仕事のプロ」としての歩み方を、悪戦苦闘しながら身につけたのです。

これは、多くの人も同じなのではないでしょうか？

誰に出会うでもなく、学ぶでもなく、最初から「仕事のプロ」として快走できる人は、ごくわずかだと思います。

多くの人に出会い、多くの人に学び、そうするなかで、「自ら考え、動き、成果を出す」という「仕事のプロ」として量稽古をこなしていくことで、その人らしい「仕事のプロ」に成長していくのだと思います。

25歩目

「仕事のプロ」は、悪戦苦闘しながらその人らしい「仕事のプロ」に成長する。

column 3

Chikako Morimoto

私はこうして新しい一歩で人生を変えた

キャリアの8割は、偶然の連続。ハッピーキャリアの秘訣は、サードプレイスと冒険心

森本千賀子（もりもと・ちかこ）

株式会社 morich 代表取締役

Profile

株式会社morich代表取締役。1970年生まれ。1993年にリクルート人材センター（現リクルートキャリア）入社。大手からベンチャーまで幅広い企業に対する人材戦略コンサルティング、採用支援、転職支援を手がける。入社1年目にして営業成績1位。全社MVPを受賞以来、受賞歴は30回超。2012年、2013年、2015年にNHK「プロフェッショナル～仕事の流儀～」に出演。2017年3月、株式会社morich設立。放課後NPOアフタースクールや一般社団法人ソーシャル・インベストメント・パートナーズの理事としてソーシャル活動にも注力。著書多数。

森本さんは、新卒で人材採用コンサルティングを行うリクルート人材センター（現リクルートキャリア）に入社。入社式の代表メッセージでは、真っ黄色のスーツに身を包み「必ず今年、全社員の中でMVPを取ります」と宣言。その言葉通り、入社1年目で営業成績1位、全社MVPを獲得。以来3年連続で全社MVPを受賞し、受賞歴は30回を超えるなどカリスマ営業ウーマンとして知られる。

「1番にならないとダメ。金メダルと銀メダルでは見える景色が大きく違う、といつも母親から言われて育ちました。それもあってとっさにそう宣言したのです。また、そのように宣言することで自分の中でやりきる責任ができ、有言実行、言えば叶えられると信じていました」

全社員の前で「MVP宣言」をした森本さんだったが、意外にも入社してすぐに実行したことは、目の前のできる小さな貢献だった。毎朝、職場全員の机の上をぞうきんがけしていたとか。

「母から『1年目の最初はほとんど目に見えるような貢献ができるわけではないのだから、朝一番に会社に行って皆さんを迎える準備をしなさい』と言われていたので、やってみようと決めました。当時は、今ほど情報管理が厳しくない時代。机の上に企画書や提案書が沢山置いてありました。パッと見ると参考になりそうなことが書いてあったりして。なるほど、こう書けばいいのかと大いに参考にさせてもらいました（笑）」

さらに、森本さんが1年目から大きな成果を達成できた理由の一つには、ある印象深い出会いがあったという。

「ラッキーだったのが1年目にいろいろと気づかせてくれる出会いがあったことです。入社早々の5月に新規開拓で知り合った流通系企業の二代目社長にかわいがっていただいたのですが、7月の私の誕生日に贈り物としてダンボール箱が送られてきました。開けてみると20冊超の書籍とお手紙があり、そこには『このままいくとすぐに営業としての賞味期限を迎えるよ。ダントツの一番になりたかったら『経営』を学びなさい」とありました。新人ながら新規開拓のアポもどんどん取れて、客先でも楽しく商談できてはいたのですが、しょせん浅い会話でしかないことを指摘されドキッとしました。これはまずいと、まだビジネススクールにハードルのあった時代。すぐに始められる中小企業診断士の資格を取得しようと専門学校に行き入校手続きをしました」

会社以外に複数のサードプレイスを持つ

その後、森本さんは29歳で結婚し、33歳で長男を、39歳で次男を出産。大きな転機を迎える。

「次男の出産後、職場に復帰しようというタイミングで夫が出張族になり、平日の家事・育児を頼りにできず、両親は関西。やりがい感じて情熱を注いでいたマネジメント職に復職して小1の長男と保育園に通い始める次男を抱えてワンオペで家事・育児をこなすのは無理だなと。他に選択肢がないかなと苦慮していたときに、もう1回コンサルタントとしてやる道が子会社にあると。それでリクルートエグゼクティブエージェントに出向し、現場に戻る決意をしました」

そうしてコンサルタントの仕事にやりがいと面白さを感じてはいたが、今一つエネルギーを持て余す自分に気が付いた森本さんは、社外活動に興味の矛先が向く。

「執筆、講演、テレビ出演の依頼などの話がタイミングよく入るようになり、社外活動をやり出したらこれだなという実感があって。そうしたら法人なら、さらにこんなこともお願いできるというチャンスも頂くようになり。それなら自分の会社を作っちゃおうと2017年

3月に株式会社morichの前身の会社を作りました。以来、2足の草鞋を履いていたのですが、より制約のない中で自分の足で立ちたくなり、同年10月にリクルートを退職、正式にmorichにフォーカスしようと決めました。この会社をつくったことが人生を変える大きな新しい一歩になりました」

最後に、どうすれば、森本さんのように毎日を生き生きと楽しく働けるのか、その秘訣を聞いてみた。

「サードプレイス（3つめの居場所）を持っている人は強いと思います。今勤務している会社と家庭にしか居場所がないとすると、その居場所が四六時中、居心地が良い状態でいることは難しいものです。外部環境や不可抗力の影響もあり、時間や労力をかけたものがすべてうまくいくとは限りません。人間関係のことでへこんだり、心が折れそうになることもあります。ただ、必要とされる実感や、存在価値が確認できるようなサードプレイスを持っていればメンタリティのバランスを保つことができます。趣味でもボランティアでも、朝活でも、とにかく、いろいろなコミュニティに属して安心安全な居場所や定期的に会える仲間を増やすことをおすすめします」

「私が共感しているキャリア理論に、スタンフォード大学のクランボルツ教授の『計画的偶発性理論』があります。これによると、キャリアの8割は予期しない偶発的な出来事の積み重ねによって決まるということです。私自身を振り返ってみても強く実感します。では、どうすれば予期しない出来事を創り出せるのかというと「好奇心、持続性、楽観性、柔軟性、冒険心」という行動指針を持つことが大事だと指摘しています。なかでも、大切なのが不確実な未来に果敢に挑む冒険心だということです。皆さんには、ぜひ、冒険心を忘れずに進んで行ってほしいですね」

新 し い 一 歩 を 踏 み 出 そ う !

What steps are you taking
to make changes
in the future?

第 4 章
Chapter 4

仕事は人間関係が10割

解像度が低いと、せっかくの出会いに気づかない

新たなビジネスにつながる人に出会いたい。

でも、「その出会いがないんです」と嘆く人がいます。

一体、その人自身は、何をしたいのでしょうか？

やりたいことが明確でない状態で、「とりあえず何とかして成功したい」と新たなビジネスにつながる人を探そうとしても、それは雲を掴むような話です。

それでは、なかなか意中の人には出会えないでしょう。


自らが誰を探しているのか分からないのに、見つかるわけはありません。


また、その人に誰かを紹介してあげようとしても、誰を紹介すればいいのかが分からないので、紹介のしようがありません。

何かあったときに「第一想起」することができないので、その人のために反応することができないのです。

たとえば、「海外で一旗揚げたい」と思っているとします。

一旗揚げたいと思うのはまったく構いませんが、これは「何をやりたいのですか？」

と聞かれて、「世界平和です」と答える人と同じくらいビッグワードです。

野望を持っていることは分かるのですが、それ以上のことは分かりません。

あまりにも漠然としすぎて壮大すぎる目標は、画像の解像度が低すぎるのです。

ボヤケた状態で誰かと出会いたいと思っても、なかなか出会うのは難しいです。

「世界平和」をその程度の解像度でしか語れない人は、たぶん「世界平和の人」として頭角を現すことは出来ないのではないでしょうか。

漠然としすぎて、本人も周りの人も、何をしたらいいか、何をしてあげたらいいか、分からないからです。そういう人に限って「貧富の差をなくしたい」と言いながら、募金の一つもやっていない、口先だけのケースが多いのです。

解像度を上げると、それに見合った現象が身の周りで起こる

でも、自分自身の解像度を上げると、それに見合った現象が身の周りで起こり始めます。解像度が高くなるとそれにつれてやるべきこと、やってあげられることが明確になっていくからです。

何かやりたい

←

海外で一旗揚げたい

←

ニューヨークで見つけた紅茶が最高だった

←

日本未発売だったので、ビジネスで展開したい

「何かやりたい」ではあまりにも漠然としていて、まったく分かりません。「海外で一旗揚げたい」も依然として分からないのですが、辛うじて、「じゃぁ、とりあえず海外に行ってみよう」くらいまでは、展開できるかもしれません。

そこで、前から気になっていたニューヨークに行ってみよう、という行動を起こしたとします。現地に渡って様々な体験をするうちに、たまたま買った紅茶があまりにも美味しく、「これを日本に広げたい」と思ったとします。

ここまでくると、解像度はグッと高くなります。

「ビジネスとして成立させるために何が必要なのか？」の情報収集に走れます。

目標が分かりやすいということは、周りの人も、何を欲しているのかが分かるので、「紅茶ビジネスに直結する情報」をもってきてくれるのです。

「恋人がほしい！」と思った人は、合コンに行くなり、人に紹介を頼むなり、マッチングサイトに登録するなり、自らが恋人を作るための行動を何かしら起こすと思います。周りの人も、「誰かいい人いない？」と言われるから、「この人は恋人がほしいんだな」と分かり、記憶し、何かあったときに、思い出すことができるのです。

ビジネスも同じで、周囲に、「すごく美味しいニューヨークの紅茶を見つけたけど、日本に未上陸なので売ってみたいと考えているんだ」などと一声かけていれば、相手が思いを巡らせ、近い人なり、会社の人なりを紹介してくれるかもしれません。

26歩目

人間関係の第一歩は、自分自身の解像度を上げることから。

何をやるか、より、誰とやるかが大事

何をやるのかは、もちろん大事です。

「人間関係の第一歩は、自分自身の解像度を上げることから」だからです。

私には「特にこの分野の新規事業はやるっ！」と決めている分野が3つあります。

一つは、ミスミやラクスルで経験したシェアリングプラットフォームビジネス。

もう一つは、医療、介護、ヘルスケア市場。

そして最後が、オープンイノベーションによる大企業での事業開発です。

この3つになった理由は、ほとんどが後付けです。

たまたま手掛ける機会に恵まれ、いくぶん成果を出し、その結果、その分野での人間関係が広がり、広がった分、新たな機会に恵まれ、結果として、量稽古が進み、土地勘がついて、また量稽古が進んだ。その結果の3分野でした。

また、それぞれの分野において、どういった事業が好きかというと、次のようなものです。

「既存の仕組み、既得権益、凝り固まった業界慣習に働きかけ、これまでにない新しい便益を生み出す、または、埋もれていた便益を掘り起こすこと」

私は、このような事業により強く意味と意義を感じます。

この「新規事業のプロとしての自己分析」は、私に限らず、「仕事のプロ」の道を歩もうとしている人にとっては、大事なことだと思います。

この自らの解像度を上げる作業が、新たな出会いのチャンスを逃さない秘訣だからです。

そうしたうえで、それだけの準備を整えたうえで、最終の決め手となるのが「誰とやるか」です。

私は、人を見てやるかどうかを決めているのです。

誰とやるか。ただし、「その人のどこを見て決めてるのか？」と問われると、少々答えに窮します。人間と人間の相性のような話なので、目指すところが一致しているか、お互いのタイミングは合っているかのような縁や運のような要素が多く、いくらでも理由を挙げられます。

と同時に、どれだけ挙げてもすべてを網羅はしていない感じがするのです。だから、結局は「直感」という表現が、より正確な気がします。

とは言え、このとき、あえて人を見て決める際の分岐点をあげるとしたら、

上手くいかなくなったときも、一緒にやっていけるかどうか？

という点かも知れません。

新規事業は、事業開発の「型」に生存確率を持ち込む必要があるほど、難所続きの連続です。だとしたら、越えられそうにない壁を、本当に一緒に乗り越えていけるかどうか、が「誰とやるか」の分かれ目なのではないかと思います。

一緒にやっていきたいか、パッと感じるのが第一印象だとしたら、本当にどんなときでもやっていけるのかを、落ち着いた気持ちで考える第二印象のようなもので決めているのかもしれません。

27歩目

人の見立ては、第一印象に加え、第二印象で決める。

自らのビジネスの生態系をつくる

新規事業をスタートさせるには、どんな事業にするのか、そのために誰が必要で、資金はどれくらい必要なのかを考えなくてはなりません。

何をするのか、どうやるのかが見えないと、人もお金も、どれくらい必要かが分かりません。

一方、何をするのか、どうやるのかを決めてから人やお金を集めていたら、初動のタイミングが遅れます。チャンスの窓は、いつ開くか分からないのに、すぐに閉じてしまうからです。

チャンスの窓が開いたら、一気に入っていかないと縁も運も逃してしまいます。

だから、必要な人脈は、ふだんから着々とつくっておくに越したことはありません。

自らのビジネスの「生態系（人とのつながり）」を構築しておくのです。

このとき大事なのは、「自らの」生態系である、ということです。

手段と目的が入れ替わっては、せっかくの一歩が台無しに

「生態系を構築しよう」という話になると、人脈作りのために異業種交流会に参加したり、ＳＮＳでの繋がりを広げようとしたりすると思います。

それ自体は悪くないと思いますし、まずはとにかく動く、「新しい一歩を踏み出す」という点では、やってもいいことだと思います。

異業種交流会にも参加しない、SNSのつながりも広げない、新しい一歩を踏み出さないより、踏み出した方が、100倍いいです。

ただ、手段と目的が入れ替わっては、せっかくの一歩が台無しです。

ただ名刺の枚数が増えるだけ、SNSの繋がりが増えるだけでは、新しい一歩は踏み出したかもしれませんが、そこで「足踏み」しているだけ、二歩目が出ていないからです。

そして、「足踏み」をし続けると、人は、進むことに臆病になり、足踏みし続けるようになります。なぜなら、第1章でも申し上げた通り、人は考えたようにはならず、動いたようになるからです。

せっかくの新しい一歩なのですから、二歩目も踏み出し「自分らしい歩み」にしていった方がいいことは間違いありません。

だから、「自分自身の解像度を上げる」のです。

解像度が高くなれば、それにつれて本人がやるべきこと、周りの人が手伝ってあげられることが明確になっていくからです。

新しい一歩を踏み出し、自分自身の解像度を上げながら二歩目も踏み出し、さらに解像度が上がるなかで、やがて人が集まり、徐々に「自分の」生態系ができてくるのです。

私の生態系は、「新規事業」という個性の生態系です。

「新規事業」が「起点」です。この起点に紐づくいくつかのキーワード、個性の表現を補う言葉を並べると、

守屋実の生態系
- 新規事業が起点の生態系。

生態系を構成する要素例
- 企業内起業、独立起業。
- シェアリングプラットフォームビジネス、医療介護ヘルスケア市場、オープンイノベーション。

・ミスミ、エムアウト、ラクスル、ケアプロ、ブティックス、JAXA、博報堂…。

挙げるとキリがなく、「生態系を構成する要素例」とかくらいになると、興味の移り変わり、手掛けた事業の成功や失敗からの学び、などを経て入れ替えたりもします。

しかし、こうして「生態系の解像度」を上げていくと、生態系の要素が互いに反応しやすくなるのです。

生態系が勝手に広がり、交わり、そこから何かが生まれたりして、「生きた」生態系になるのです。

この「生きた」という部分が大事で、生きているからこそ、その生態系に何かしらの働きかけをすると、即座に反応が返ってくるのです。

「チャンスの窓」が開いたその瞬間に、「自分の生態系」に発信すると、そのチャンスの「仕留め方」を教えてくれたり、同じようなチャンスを得たときの「体験談」を教えてくれたりします。そして、「それ、チャンスじゃないよ、ハズレだよ」と教えてくれたり。

解像度が高い仲間との繋がり、その知見は宝で、それこそ、一緒に戦う仲間が一気に組成できたりするのです。

そうすることで、いざ、チャンスの窓が開いたときに、即座に一気にタイミング良く突っ込んでいくことができるのです。

28歩目

自らの生きたビジネスの生態系は、百人力。

失敗や挫折も、すべてが糧になる

前項で書いたとおり、「自らの生きたビジネスの生態系は、百人力」です。

しかしながら、それと同じくらい大事で学びが大きく、自らの力となるものがあります。それは、

人に関する大きな失敗や挫折です。

もちろん、事業に関する失敗や挫折も大事で学びが大きく、自らの力となるものなのですが、事業に関しては、その学びが科学的にまとめられ、失敗回避の手立ても充実してきています。

そういったなかで、依然として難しく、しかも、学んで予めの心得を持っていてもなお、それでも繰り返してしまう厄介な大問題が、「人」に関することだと思います。

実際、私は、「仕事のプロ」としての歩みのなかで、「人」に関する失敗をたびたび繰り返してきました。

そのなかでも一番の失敗は、エムアウト時代にしでかした「長期的」な失敗でした。

それは、失言や大ゲンカというような分かりやすい象徴的な出来事による失敗ではなく、時間をかけて徐々に蝕んでいった「凋落の一途を辿った失敗」だったのです。

事業と組織のマネジメントに失敗する

エムアウトは、「新規事業の専門会社」だったので、仕事は新規事業を創ることだけでした。

なので会社の全員が、日々新規事業の量稽古を行っているような会社だったのです。そういった量稽古からの学びの集積として「新規事業の型化」を行い、「起業のプロと業界のプロの組織マトリックス」という考え方などをつくったのですが、私が「人」に関する失敗をしたときは、まだ「型の定着前」で、失敗に呑まれ、その失敗を活かし切れないでいました。

当時、私は、立ち上げた会社の事業の立ち上がりに時間が掛かり、そのあとの事業も大きくは花開かずで、職場で明るい話題をつくれずにいました。

連敗が続いていたので、次に出す新規事業の計画も「最初からＮＧ」のような雰囲気が漂い、会社全体がその空気に呑まれていました。

そんな中、私は自信がなくなり、プレゼンに言い訳が目立ち始めました。もっと胸を張ってドン！　といけばいいのに、人間が小さくなってしまっていたのです。

言い訳しながら、防御しながら新規事業の説明をしていたので、説得力がまるでありませんでした。完全に「負けパターン」に入っていました。

加えて、その状態を抜け出すために起死回生の組織拡充を図り、自分より優秀な人にたくさん参画してもらったのですが、それらの人員を束ねることが、私には荷が重すぎて、さらなる状況の悪化を招いてしまったのです。

事業マネジメントの失敗に加え、組織マネジメントの失敗も重ねてしまったのです。

「坂道を転げ落ちるように」とはまさにこのことで、部下からは公然と文句を言われ、会議の場でも、ピシャリとやられてしまうようになりました。

上司である田口さんからも「あんたには人がつかない」と厳しいことを言われ、もう悪循環でした。

特に自分のなかで堪えたのは、私に聞こえるように言っていた部下の私に対する陰口でした。

そんな日々が続いていたある日、鏡を見たら頭の形が変わったように感じて、「なんだろう?」と思ったら、全体的に髪が薄くなっていたのです。10円禿げというレベルではなく、もっと全体的に広がっていました。多大なストレスが頭髪にも影響したのでしょう。

そんな状況だったので、金曜日の夕方が一番心が安定していました。

そして、日曜日の夕方、サザエさんが始まるころには、「明日からまた会社か……」とどんよりした気持ちになる、まさに「サザエさん症候群」でした。

実際、月曜日の朝に歯を磨いていると「ウェッ」と吐き気がしていたので、病院には行きませんでしたが、決して健康な状態ではなかったと思います。

この状況を脱したキッカケは、次の新しい事業の成長でした。

その事業とは、当時はまだ珍しかった訪問歯科の事業です。

車にポータブルの歯科医療機器を積み込み、老人施設などを訪問して、歯科の診療、特に、口腔機能を回復させるための各種処置を行う歯科サービスの事業です。

この事業は、歯科医師でもなんでもない私に思いつく事業では、もちろんなく、埼玉県の訪問歯科医院に勤務していたある歯科医師の方から持ち込まれた案件でした。

当時エムアウトが、新規事業開発の手法の一つとして、広く社外からの持ち込み案件を歓迎していたことで繋がったご縁だったのです。

「口腔機能回復センター」という、聞きなれない名前の事業プランに、なぜ、自分が反応できたのか、記憶が定かではないのですが、社内の誰もがその可能性を理解できない中、私だけが「これだっ！」と、即座に反応していました。

29歩目

「仕事のプロ」には、起死回生のチャンスがやってくる。

「仕事のプロ」は、自分のできることに最大限集中する

訪問歯科診療の様子は、こんな感じです。
朝、歯科医師と歯科衛生士、そして診療支援をするコーディネーターの3職種がチームを組んで、訪問診療の道具を車に積み込んで医院を出発。
あらかじめ訪問のアポをとっていた老人施設を回り、すべての訪問予定が完了したら夕方過ぎに診療所に戻ってくる、というシンプルな事業内容です。

ミスミ時代、医科や獣医科は手掛けていましたが、歯科は手掛けていませんでした。そのため、隣接分野であるというなじみを感じつつも、具体的な詳細事項に関しては、聞くもの見るものすべてが目新しく感じました。
当時、何もかもがうまくいっていなかった私にとっては、久しぶりに前向きになれる事業案件でした。

負けパターンの思考から、脱出することができたのです。

理屈っぽい話で言うと、「事業計画の蓋然性の高さ」からくる自信が、どうしても抜け出せずにいた長いトンネルを抜け出すキッカケになったのかも知れません。

もっと本音ベースの、ナマっぽい話で言うと、社内で八方塞がりだった私が、「社外に心理的安全性を見出し、そこから徐々に快復」、結果として、抜け出せずにいた長いトンネルを抜け出せるようになった、ということなのかもしれません。

事業の失敗は事業でしかカバーできなかった、ということでした。

そして、事業がうまく回り始めると、組織もまた自然とうまく回り始めました。

私自身、そのときはすでに取締役を降りていたので、全社経営という身の丈に合っていなかった重い荷物を下ろしたことも、良かったのだと思います。

この一連の挫折の中で、私が得たことはとても多かったです。

長期にわたる失敗で、抜け出すまでも時間が掛かったので、一つの失敗で一つの学び、というよりは、苦しみぬいた中で行きついたスタンス、心得のようなものを得ることができました。

自分は自分のできることに集中する。

組織の最小単位は人であり、つまりは「自分自身」の鍛錬なしには、どうにもならない、ということが身に沁みました。


私は何が好きなのか？

私は何に身体が動くのか？

私は何のプロなのか？

長い時間苦しんでいたので、長い時間、ぐるぐる考えました。


ダメだと思って逃げ出そうしたり、いや、逃げちゃいかんと立ち向かい直したり、でもやっぱり難しかったり……。

結果、自分が何に集中するのかで言うと、

「新規事業のプロになる」という意志が揺るぎないものになった、ということでした。


読者のみなさんは、いかがでしょうか？

自らの「意志」を持つ、ということは、その人自身の話なので、その人自身にしか決められませんし、その人自身が決めるべきです。

ただ、決めるまでに満たない場合は、本書の冒頭にある通り、「はじめの一歩として、好きをやってみる」あたりから始めてみてはいかがでしょうか。

最初から正解に最短で行きつこうと、アタマで考えて動かないよりは、自分の気持ちに素直に身体を動かして一歩進む方が、断然、早いです。

動かない中で動かない景色を見ているのと、動きながら動く景色を見ているのとでは、大違いです。あとは、やるか、やらないか、それだけです。

ぜひ、自分なりの一歩を踏み出してください。

30歩目

新しい一歩を、自分の一歩で。

Epilogue

おわりに

「好き」を見つけ、それを「仕事のプロ」にまで高められた人は最強

この本が出版されるころには、私は、ちょうど50歳になっています。

人生100年時代からすると、折り返し地点。

これまで「仕事のプロ」として生きてきた私は、これからも「仕事のプロ」を極めるために、自らのために、5回転目、6回転目、7回転目……を突き進むのでしょうか。

それとも、「仕事のプロ人材の育成」に舵を切り、「仕事のプロ」が、広く多く活躍する我

が国とするために、邁進するのでしょうか。

この「おわりに」を書いている今現在の私は、その「両方」でいきたいと思っています。

新規事業を一つ手掛けるたびに、その事業の周りに、新たな事業の可能性が見つかります。

つまり、やればやるほど、未着手案件が増えている状態なのです。

であるならば、自らの「仕事のプロ」としての腕を磨き、新たなる事業を生み出していきたいと思います。

そして、これまでの「縁・恩・運」に、少しでも報いるために、「仕事のプロ人材の育成」を志したいと思います。


今回、改めて自らを振り返り、こうして、「新しい一歩を踏み出す」という想いをまとめる機会をいただけた、ダイヤモンド社の高野倉俊勝さんには、感謝しても感謝しきれません。


そして言うまでもなく、本書は、そして今の私は、これまで私を支えてくれたすべての方のお陰です。

本当に、ありがとうございました。

いただくばかりで、お返しできていない方々しか居ませんが、少しずつ、お返しできたらと思っております。

「会社のプロ」から「仕事のプロ」へ。

「好き」を見つけ、それを「仕事のプロ」に高められた人は、強いです。

時代がいかに変革しようが、「好き」をエンジンに走り続けられるからです。

「新しい一歩を踏み出す」きっかけとなり、人生100年時代を、楽しく働き、充実した人生を送る。

この本が、そのヒントになれば、こんなに嬉しいことはありません。

著者

起業50

本資料は、自己紹介を兼ねた、以下の内容となっております。
・起業50＝30年間あまり、50度に渡る、起業の経験値。
・50の内訳は、企業内起業＋独立起業＋週末起業。
・度重ねた失敗の再発を防ぐための、工夫の記録。
・数少ないながらも躍進した事業の、振り返りを記録。

自己紹介の数字、年齢＝企業内起業＋独立起業＋週末起業、です。

50=17+19+14

17＝5勝7敗5分、19＝2上場＋3M&A＋12調達済＋2調達予定ナシ、14＝50−17−19。

添付資料

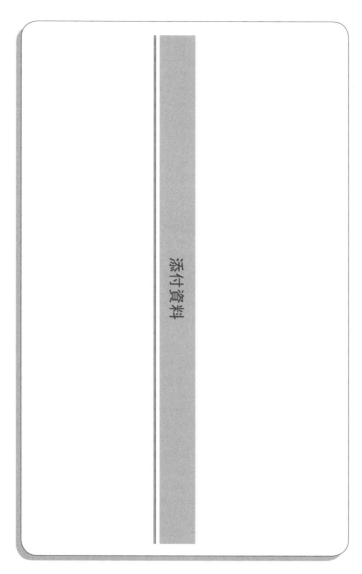

ミスミおよびエムアウトでの主な経歴は、事業立上げおよび事業立上げに関する何かしらのプロジェクト、でした。

【株式会社ミスミ】

現在のミスミグループ本社。

1992年に新卒入社。

その後、2002年の退社までの間、一貫して新規事業開発を担当。

病院向け事業、診療所向け事業、動物病院向け事業を手がける。


以下、職種はすべて、新規事業の開発・立上げ関連を担当。

新市場部市場開発課（1992年～1993年）
・メンバー、メンバー8名。
・1年間で、3つの部署を自らの希望で選択、異動。
・配属期間内に、部署改善案を策定。
・事業開発部門、顧客対応部門、生産対応部門の3部門を選択、経営会議にて、部署改善案をプレゼン。
・同時に、新規事業開発プロジェクトにも所属。
・機械工業系以外の分野への進出を検討。
・医療分野、食品分野、文具分野が有望と判断、経営会議にて提案。

病院向け事業（1993年～1994年）
・メンバー、メンバー4名。
・市場調査、事業計画立案、事業参入を行なう。
・参入後、事業内容の見直しを行い、診療所向けに方向転換。

診療所向け事業（1994年～2002年）
・メンバー、メンバー4名。
・市場調査、事業計画立案、事業参入を行なう。
・参入後、動物病院向け事業を自ら提案、診療所向け事業存続のまま、別途立上げ。

動物病院向け事業（1997年～2002年）
・メンバー、メンバー6名。
・市場調査、事業計画立案、事業参入を行なう。売上高20億円、経常利益1億円まで成長。
・2002年株式会社エムアウト設立に伴い退社。（経緯実態としては異動）

ミスミQCTモデル＝フロントエンドの革新＋バックエンドの革新
・流通経路の抜本的変革、カタログ販売、フロントエンドのQCT
・ものつくりの抜本的変革、商品の標準化、バックエンドのQCT

【株式会社エムアウト】

2002年の会社創業より参画。

その後、2010年の退社までの間、一貫して新規事業開発を担当。コンサルティング事業、絵画販売事業、ジュエリーリフォーム事業、学童保育事業、アパレル事業、訪問歯科事業、人材紹介事業、健康診断事業、作家支援事業を手がける。

会社の設立、立上げ（2002年）
・実務責任者、メンバー1名。
・資産管理会社から、事業会社への業態転換の実施。事務所設立、従業員雇用、各種制度つくりなど。
・体制つくりを完了することで、任務完了。

以降、職務はすべて、新規事業の開発・立上げ関連を担当。

コンサルティング事業（2002年～2003年）
・事業責任者、メンバー3名。
・コンサルティングメソッドの構築、コンサルティング先の開発、事業参入チームの体制つくりを行なう。
・自社の事業ドメインを、自社事業の創出に特化することになり、解散。

絵画販売事業（2002年～2003年）
・事業責任者、メンバー4名。
・市場調査、事業計画立案、事業参入チームの体制つくりを行なう。
・体制つくりを完了することで、任務完了。

ジュエリーリフォーム事業（2003年～2005年）
・事業責任者、メンバー3名。
・市場調査、事業計画立案、事業参入チームの体制つくりを行なう。
・体制つくりを完了することで、任務完了。

学童保育事業（2005年～2006年）
・社内の別プロジェクトである起業プロジェクト責任者として、事業立上げを支援。
・メンバー3名。
・事業参入をもって、任務完了。

アパレル事業（2006年～2007年）
・事業責任者、メンバー2名。
・市場調査、事業計画立案を行なう。
・事業計画が完成することで、任務完了。

訪問歯科事業（2006年～2008年）
・事業責任者、メンバー4名。
・市場調査、事業計画立案、事業参入、子会社化を行なう。
・子会社化を実現することで、任務完了。

人材紹介事業（2008年～2009年）
・メンバー、メンバー4名。
・訪問歯科事業の子会社化完了後、事業に合流。事業への本格投資判断の取付けを目指す。
・事業計画を描ききることが出来ず、解散。

健康診断事業（2009年）
・事業責任者、メンバー2名。
・市場調査、事業計画立案、事業参入チームの体制つくりを行なう。
・事業参入承認となるも、参入準備期間中に再審議の上、中止となる。

作家支援事業（2009年～2010年）
・メンバー、メンバー10名。
・健康診断事業の中止完了後、事業に合流。
・絵画販売事業からの業態転換、イグジットの実現を目指す。
・2010年2月のMBOをもって、任務完了。

なお、上記新規事業の開発・立上げに加え、以下のプロジェクトも担当。

マーケットアウト研究会（2002年～2004年）
・事務局長、メンバー3名。
・研究会の企画立案、参加企業の開発、研究会の運営を行なう。
・2年間の運営後、一定の役割を果たすことが出来たと判断、解散。

組織マネジメントプロジェクト（2005年）
・プロジェクト責任者、メンバー4名。
・プロジェクトの企画立案、プロジェクトの運営を行なう。
・エムアウトの目指す姿を「起業専業企業」と定めることをもって、プロジェクトの目的を達成、解散。

起業プロジェクト（2006年）
・プロジェクト責任者、メンバー随時召集。
・事業立上げチームの支援、事業立上げ方法の仕組み化を行う。
・学童保育事業の参入実現、事業開発室の立上げをもって、プロジェクトの目的を達成、解散。

ミスミにて立ち上げた動物病院向けビジネスは、国内8,000VH中、6,000VHから注文をいただきました。

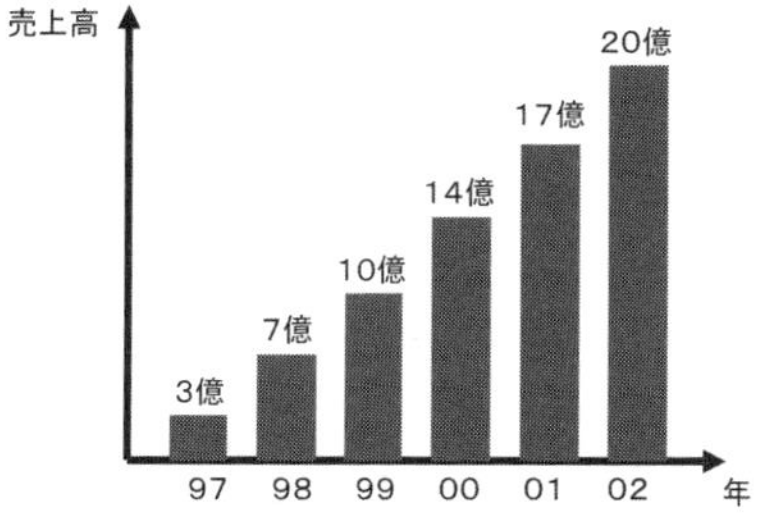

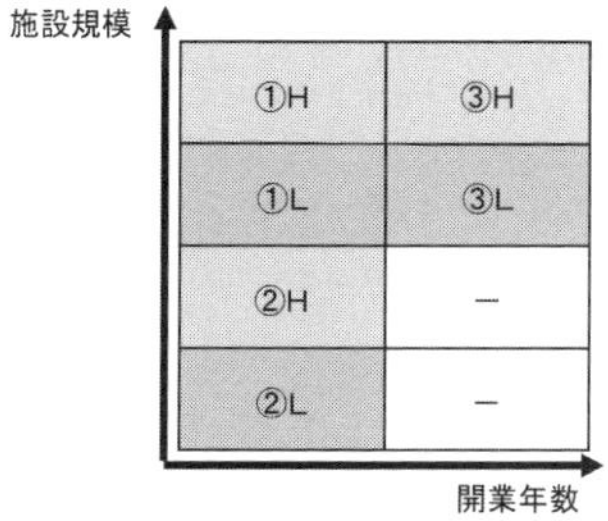

機械工業系専門商社
新規事業創出

事業開発の構造化
要件定義＋システム設計が先
案件開発が後

B2Bカタログ通販
非効率の散在、集約化
経済原則が働く

チーム制、ガラガラポン
人事部のない上場企業

医療、フード、オフィスサプライ
ナースヘルプ
クリニックヘルプ

n＝1からのスタート
VHでのアルバイト
テスマの実施
二人プロジェクト

顧客、3人の支持
調達、キーマンの協力
行政、3つの壁
10ヶ月目の参入

3年目、4,000VH/8,000VH
6年目、6,000VH/8,000VH
新規開業、240VH/250VH

20億円/6億円/1億円
30%vs11%、5%vs0. 2%

自立化、仕組化、標準化
5,000SKU
1SKU＝20千円、400千円
声の進捗表＝11DM＝1CT
ムラ→ムリ＋ムダ
チーム制、利益分配制

①H…最重要顧客、商品サービス開発の肝
①L…ポテンシャル最大顧客、敗因理由の追求
②H…成長期待顧客、継続的関係維持
②L…負ける筈の無い顧客、敗因理由の追及
③H…最重要顧客、業界のドン、影響力活用
③L…代診独立期待顧客、カタログ配布、減点回避

「H→L」の動きは、絶対対応
通販信頼性 → 訪問　　競合 → オリジナル医材
薬品 → 薬品開発　　ミスミポカ → 改善＆訪問

オンリー1の付加価値軸（オペ処置品質向上×簡素化）
ナンバー1の削減価値軸（価格努力×安心納期小口配送）
重点指標≒顧客指標、メディパス≒スタッフ、ラクスル≒商品

⇨ 新規事業人生の始まりの、最大の出来事。答えは現場、やることはシンプルに。

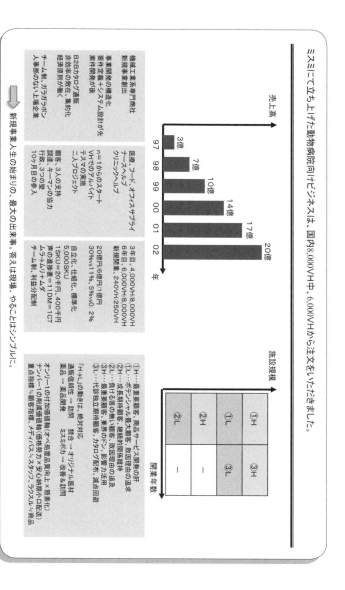

ミスミの創業オーナーと立ち上げたエムアウトは、新規事業を本業とする起業専業企業、でした。

マーケットアウト

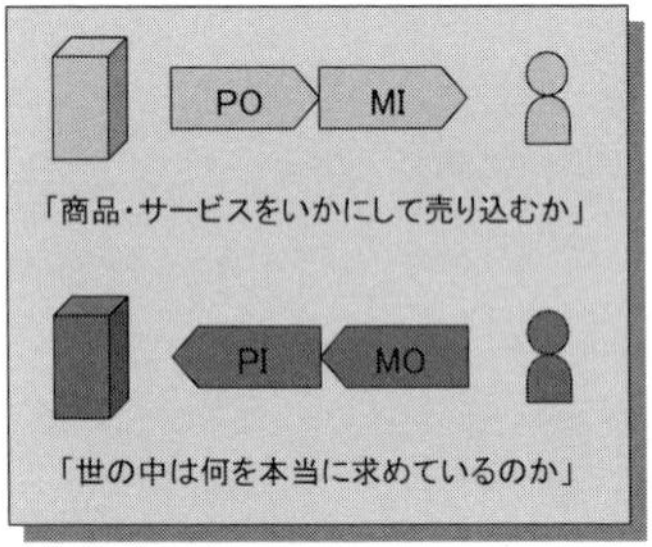

【マーケットアウトの5箇条】
①マーケットが起点
②お客様の利便の最大化
③発想の転換、構造の革新
④持たざる経営
⑤クロスファンクショナル

【マーケット】
・ターゲット×ニーズ

起業専業企業

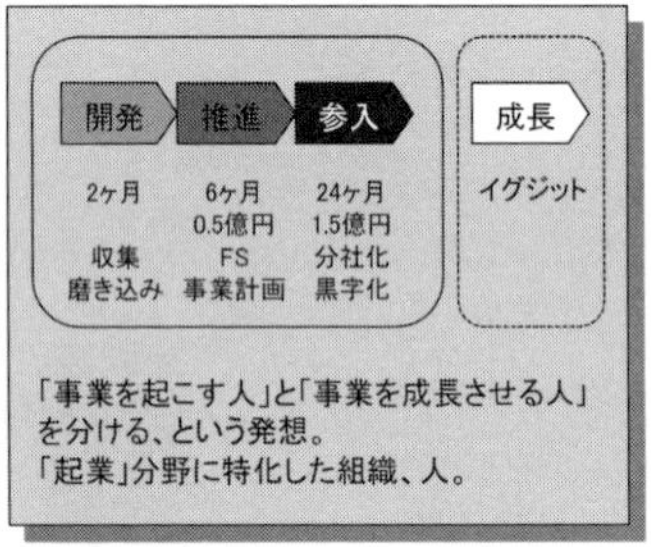

【4つのフェーズ】
①事業開発（評価シート、コンセプト承認）
②事業化推進（評価シート、FS計画書）
③事業参入（事業計画書、イグジット計画書）
④事業成長（イグジット）

【起業への集中投資】
・事業計画評価シート
・プロジェクトカンファレンス

企業内起業心得

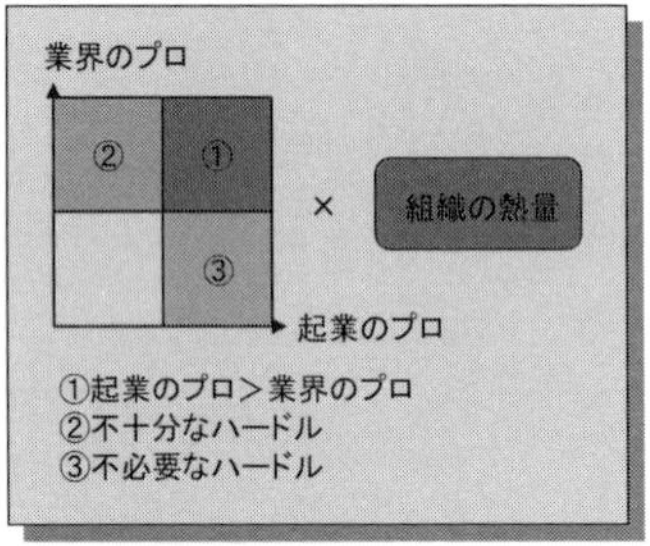

【企業内起業の10箇条】
①要件定義→構造開発→案件開発
②ヒト、モノ、カネ、特にキモチ
③企業内の起業の意味の共有
④成功と失敗の基準
⑤多種多数討議と最少人数意思決定
⑥エース投入、⑦別評価基準
⑧現場と顧客が中心、⑨内外資源活用
⑩素人思考と玄人行動

⇨ 連続起業、同時起業人生の始まりの、最大の出来事。起業の考え方、事業の立ち上げ方、組織の作り方。

2010年9月、新規事業創出の専門家として活動開始。投資、且つ、役員に就任して、自ら事業責任を負うスタイルが基本です。

ラクスル

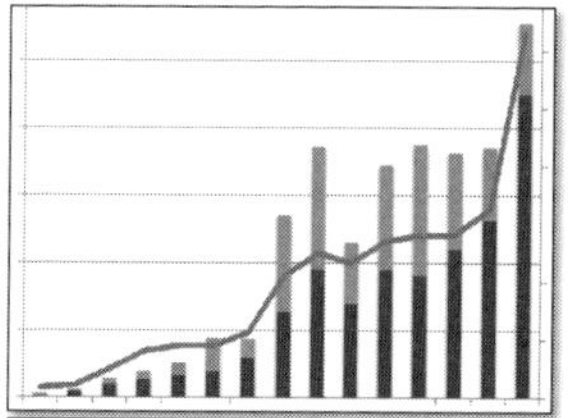

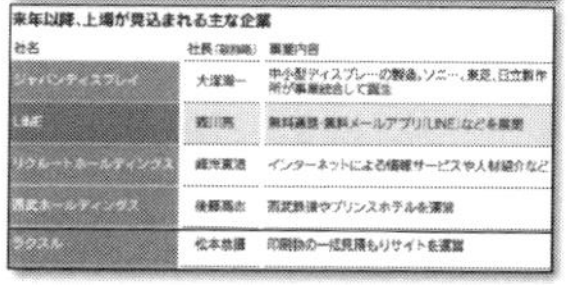
来年以降、上場が見込まれる主な企業

社名	社長	事業内容
ジャパンディスプレイ	大塚周一	中小型ディスプレーの製造。ソニー、東芝、日立製作所が事業統合して誕生
LINE	森川亮	無料通話・無料メールアプリ「LINE」などを展開
リクルートホールディングス	峰岸真澄	インターネットによる情報サービスや人材紹介など
西武ホールディングス	後藤高志	西武鉄道やプリンスホテルを運営
ラクスル	松本恭攝	印刷物の一括見積もりサイトを運営

ケアプロ

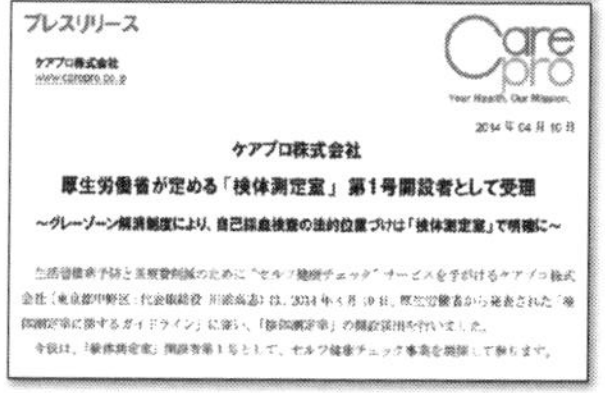
プレスリリース

ケアプロ株式会社
www.carepro.co.jp

Care pro
Your Health, Our Mission.

2014年04月10日

ケアプロ株式会社

厚生労働省が定める「検体測定室」第1号開設者として受理

～グレーゾーン解消制度により、自己採血検査の法的位置づけは「検体測定室」で明確に～

守屋実事務所

■
■ HAKUHODO

RECRUIT
ホールディングス
住まいカンパニー

JP 日本郵便

【 ラクスル 】毎月売上高最高記録更新、日経ヴェリタス2014年以降上場が見込まれる企業、テレビ東京WBS2014年最も活躍が期待されるベンチャー1位
【 ケアプロ 】首相官邸発表新たな成長戦略→グレーゾーンの解消→法改正実現→「検体測定室」第1号開設者受理、日本企業ベスト100ハットトリックク
【守屋実事務所】連続起業家本、丸善丸の内本店紀伊国屋梅田本店1位、博報堂＋リクルートグループ＋日本郵便などにおいて、新規事業立上げ非常勤メンバー

独立5年を経て、活動を拡大。19歳での初めての起業以来、30年あまり、一貫して新規事業に従事しています。

はたらく人のネット印刷 ラクスル
hacobell
Care pro Your Health. Our Mission.
株式会社みんなの健康
SEEDATA
CADDi
Medi-Banx Inc.
MIRAI SOUZOU
Genequest
Sound Fun!
ブティックス
TOKYOJP
CELM
MIMIR
プロフェッショナル&パラレルキャリア フリーランス協会
truss
TECHFEED
JCC Japan Cloud Capital

守屋実事務所

HAKUHODO
JAXA
Future Venture Capital
JR東日本スタートアップ JR East Start UP Co.,Ltd.

電通、リクルートホールディングス
デンソー、凸版印刷、日立製作所
日本たばこ産業、三井住友銀行
東急電鉄、東急不動産
産経新聞、サンケイリビング新聞社
FFGベンチャービジネスパートナーズ
サイバーエージェントグループ
フェリクス少額短期準備
エクサウィザーズ、みんなのコード
Dバー、Dスクール、MyDearest
VALT JAPAN、日本農業、シタテル
メディカルケアデザイン
日本医療機器開発機構
ウェルモ、3sunny、ドクターメイト
後見の杜、やまと診療所
池袋セルフメディケーション
こばやし歯科クリニック
デンタルプロテクションHakara
PERSOL、サーキュレーション
澤田経営道場
早稲田大学ビジネススクール
慶応SFCフォーラム
内閣府、経産省、厚労省

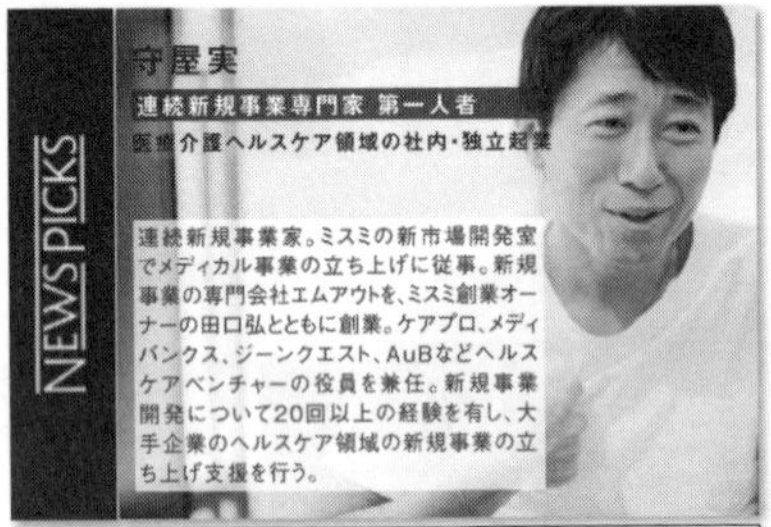

【資金調達】
・ラクスル
:ベンチャーファイナンス
:経営＋二田＋YJ＋WILGBITVプラスGMOVミクシィ
:資本提携(調達・ネット企業 VS 未調達・リアル企業)
・ケアプロ
:ソーシャルファイナンス
:規制緩和の流れに沿った、投資、貸付、助成
:社会課題、法改正、ソーシャルリターン
・サウンドファン
:研究開発時点での特許価値系製造業のシリーズA、B
・ジーンクエスト
:ユーグレナを株式交換完全親会社とする株式交換
・AuB
:株式投資型クラファン、募集開始即日上限35百万円
【資金運用】
・創業株主、VC、CVC、株式投資型クラウドファンディング

ミスミモデルに習い、印刷市場を革新。「仕組みを変えれば世界はもっとよくなる」＝古い産業＋IT＝新たな仕組み、です。

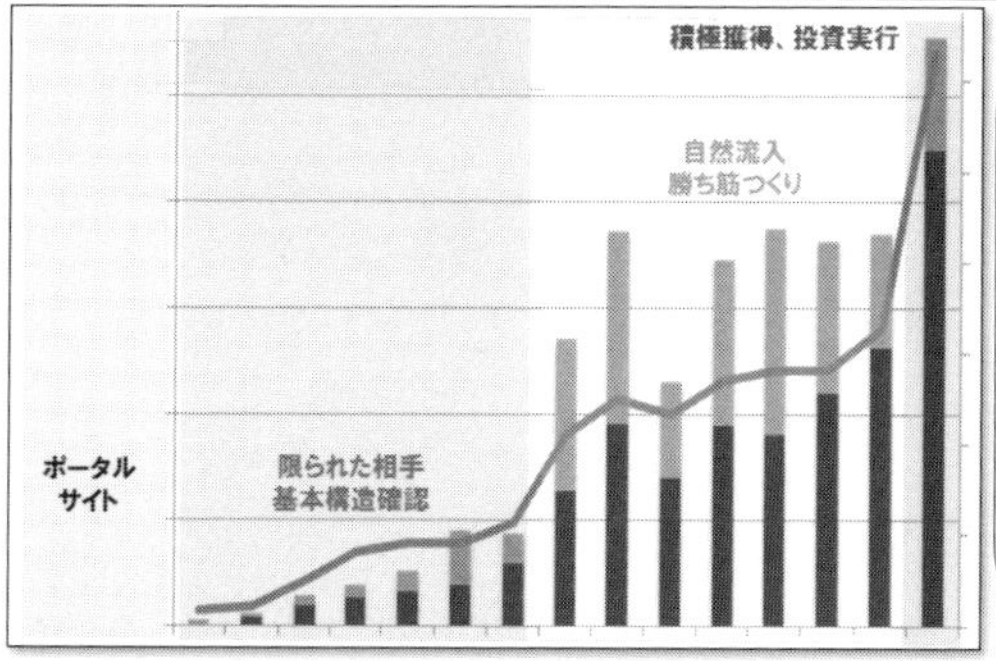

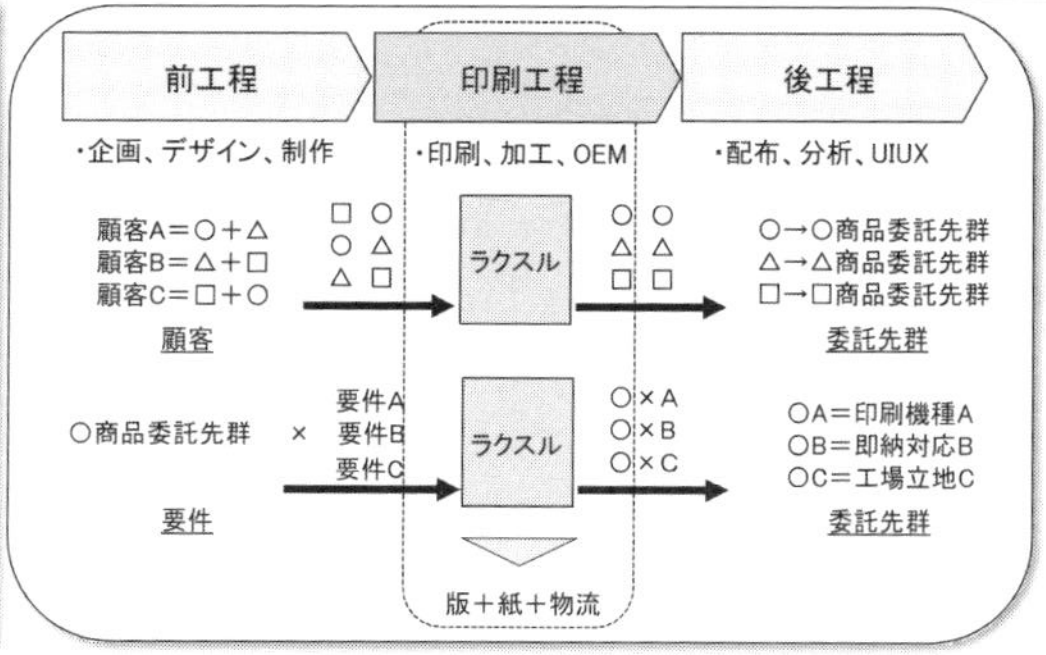

【 概要・沿革 】

2009年09月	創業	
2009年10月		プロボノ
2010年04月	ポータルサイト	
2010年10月		顧問
2011年04月		社外取締役
2012年04月	資本金1億3千万円	取締役
2012年08月	ECサイト/クローズドβ	
2012年11月	資本金2億5千万円	
2013年03月	ECサイト/オープンβ	
2013年08月		副社長
2013年10月	ECサイト/オープン	
2014年02月	資本金18億円	
2014年07月	CM開始	
2014年11月		執行役員

・印刷を「ラクに刷る」から、商売を「ラクにする」

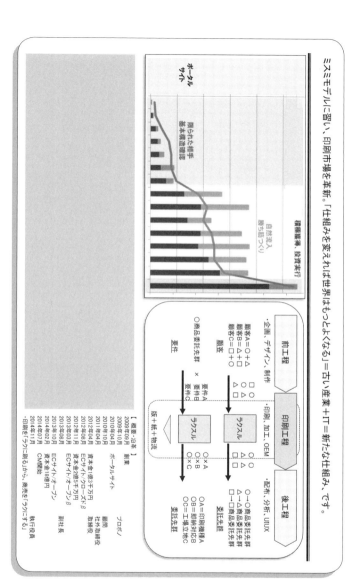

社会課題に挑み、法改正を実現。ケアプロ＝革新的なヘルスケアビジネスをプロデュース、です。

ケアプロの歴史は、
行政圧力との歴史であり、
敗北の歴史であった。
全戦、全敗。

某区	イベント	→	催事中止
某区	出店	→	出店中止
某区	イベント	→	催事中止
某区	出店	→	出店中止
某市	出店	→	店舗撤退
某市	イベント	→	不参加
某区	イベント	→	連携中断
某市	出店	→	店舗撤退

プレスリリース
ケアプロ株式会社
厚生労働省が定める「検体測定室」第1号開設者として受理
～グレーゾーン解消制度により、自己採血検査の法的位置づけは「検体測定室」で明確に～

【 概要・沿革 】

2007年06月 出会い、マーケットアウト講座
2007年12月 創業
2008年07月 初催事
2008年11月 常設1号中野店
2009年12月 ノーコイン健診
2010年09月 参画、副社長就任
2010年11月 イオン与野店
2011年08月 東急横浜駅店
2011年12月 在宅事業
2012年05月 訪問看護ステーション中野
2013年03月 訪問看護ステーション足立
2013年03月 産業競争力会議
2013年06月 日本再興戦略
2014年01月 産業競争力強化法施行
2014年04月 検体測定室に関するガイドライン
2014年04月 検体測定室第1号申請
2014年08月 催事契約電鉄12社
2014年09月 JICA海外展開、インド他
2014年12月 REVICなど資金調達、1.6億円

予防医療事業部

誰でも、当たり前に、健康になれる世の中を。

ケアプロは一健康診断は受けたいけれど、
・時間が取れない
・保険証を持っていない
・健康診断費が高い
などの理由で健診を受けられない方々へ
「早い」「お手頃な価格」「安心」の
"セルフ健康チェックサービス"を提供することで、
皆様の生活習慣病予防をお手伝い致します。

在宅医療事業部

2020年「看取難民」30万人を防ぎたい。

東日本大震災がきっかけとなって

ケアプロでは、2011年3月から
石巻市を中心に避難所の医療ボランティアを行ってきました。
そこで、在宅医療の不足による孤独死の問題に直面しました。
2020年には、我が国の看取難民は30万人になると言われています。
ケアプロではこの社会的課題に少しでも貢献すべく、
2012年3月に訪問看護ステーションを立ち上げ、
1人でも多くの方に真心をお届けしたいと考えています。

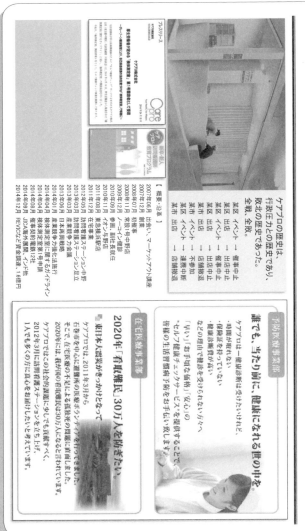

事業も組織も、成長するには突破すべき壁があります。壁は、次のステージの扉でもあります。

事業の成長

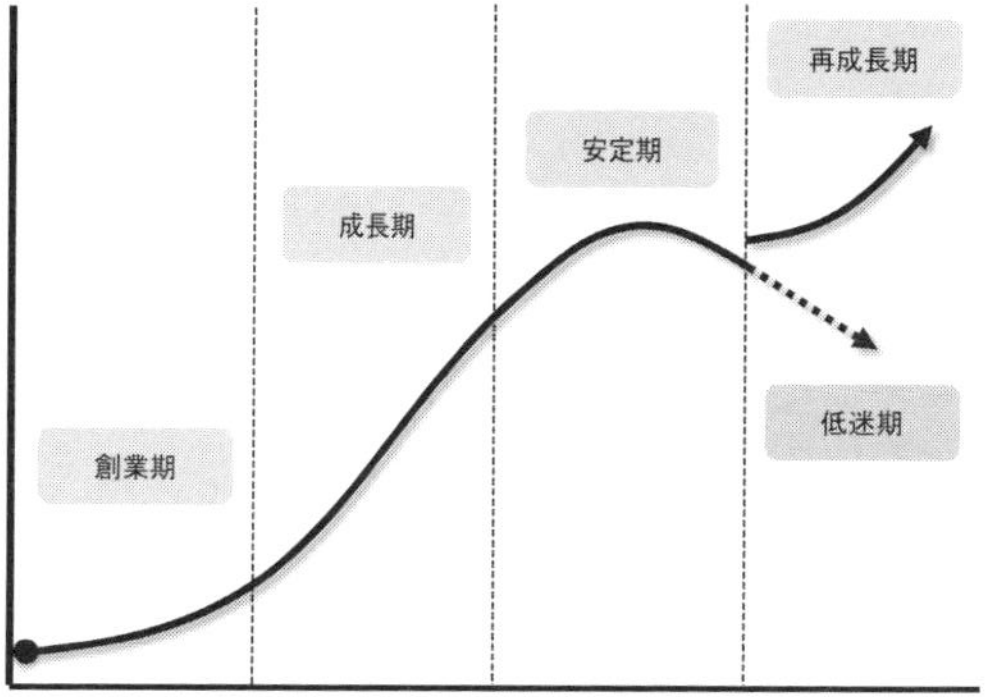

組織の成長

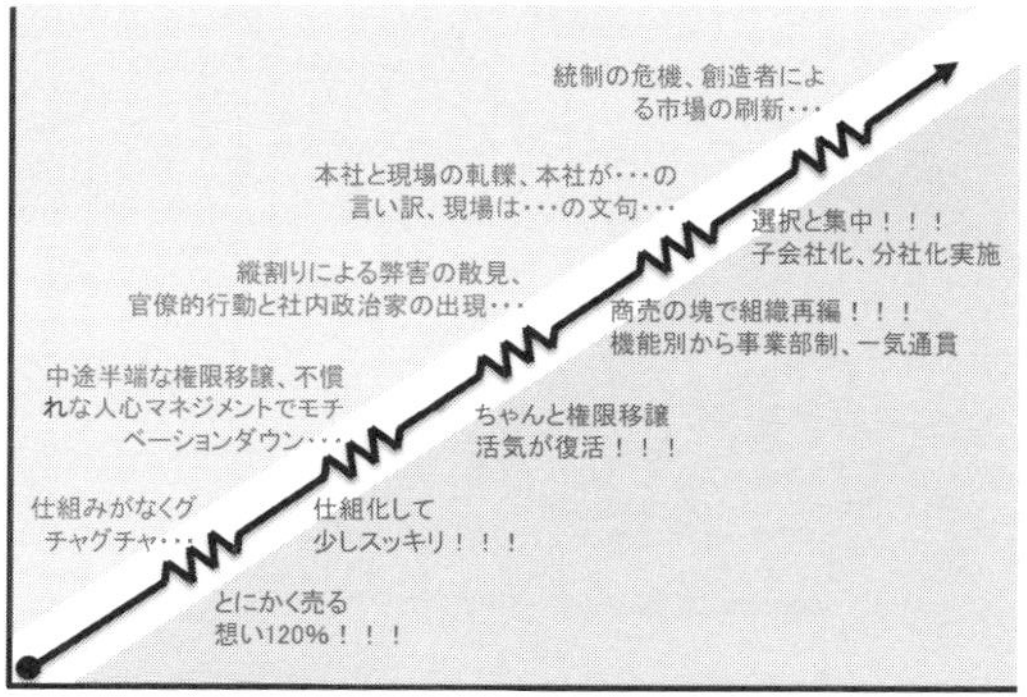

経営課題＝事業課題＋組織課題＋財務課題
事業課題＝KSF＋KOF＋改善スピード
組織課題＝トップ＋組織のカタチ＋組織の成長＋オペレーション（採用＋教育＋評価＋処遇）
財務課題＝資本の構成＋資本の調達＋資本の運用

⇨

成長期＝成長痛＋成長依存＝拡大に追いつかない（人事→品質→組織→風土）＋拡大しているから正しい（自信過剰→砂上楼閣）
低迷期＝現状維持＋不定愁訴＝動かないことの効用（攻めの不利＋守りの有利）＋ネガティブな政治屋の隆盛（制度疲労→改革疲れ→オール野党）

ミスミの8つの弱み＝営業組織と事業組織、CS、ロジ、情シ、多角化事業、海外進出、危機感、経営リーダー
ミスミの改革マップ＝トップの戦略思考本質理解をベースとした、横軸（フロントエンド ⇔ バックエンドの革新）、縦軸（成長の加速 ⇔ 仕事の質効率）
ラクスル創業期＝EC前4年＋EC後4年、ケアプロ創業期＝法改正前5年（B2C店舗→B2B催事）、法改正後5年（B2C店舗→B2B催事）

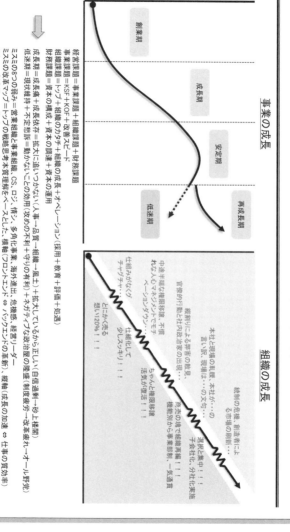

参画者の立場の違い、という構造的な違いに起因するコミュニケーションギャップも、ときに大きな壁となりえます。

	ギャップ	頻出トラブルパターン			
		【朝令暮改】	【領空侵犯】	【突発攻撃】	【時間差攻撃】
上司視点	もっと経営的視点で物事を考え、行動して欲しい！	上司視点では、適時適切な経営判断でしかないが、部下視点からすると不適時不適切判断に映る。 上司視点では、可能な限り素早く変更することが大事だが、実務が伴っている部下からすると、急な変更は難しい上、やれと言われてやり始めたそばから指示が変わる心的被害感は大きい。結局どうしたいんだよ、が飲み屋の常套句。	上司視点では、必要に応じて介入をしているだけだが、部下視点からすると、不要な越権行為に映る。 上司視点では、事業の進捗に必要かどうかが全てであるが、部下視点からすれば、任された範疇にポジショニングパワーをもって介入されると、予定も気持ちもくるってしまう。だったら自分でやれよ、が飲み屋での常套句。	上司視点では、必要と思った打ち手を指示しただけだが、部下的には、当初予定の遅延事由に相当する。 上司視点では、事業の進捗に有意なことをやらずに見過ごすことは出来ず、必要であればリソースを調整すればイイだけのことであるが、部下視点からすれば、自ら のリソースオーバーの話し。思いつきで言うなよ、が飲み 屋の常套句。	上司視点では、必要と思った時に即時指示だししただけだが、部下的には、既出具申のことだったりする。 上司視点では、事業環境の変化に柔軟に反応することが大事で、必要と分かったタイミングでの指示出しでしかないが、部下視点では、以前から言っていた話しだったりする。だから言っただろ、が飲み屋の常套句。
部下視点	もっと現場のことを考え、指示出しして欲しい！	経営上、必要な朝令暮改は必要。 よって、上司は部下へ労いをしつつ朝令暮改をする。 部下は安易に受身で朝令を受けず、暮改に応じておきながらあとで文句を言わない。	経営上、必要な領空侵犯は必要。 よって、上司は業務分掌に配慮した上で領空侵犯する。 部下は、上司のアドバイスの背景の理解に努め、自らの業務進捗に活かす。	経営上、必要な差込指示は必要。 よって、上司は現状業量を配慮の上、必要に応じた優先順位の入替え、リソース再配分をセットで指示。 部下は、新規差込業務と既存業務の組織的整合性を確認してから対応する。	経営上、動くタイミングは限られる。 よって、上司は社内の既出の議論に配慮し、今である理由を添えて指示出しする。 部下は、タイミングが今であることの確認を行い、経営判断のタイミングの見極め力獲得に努める。

【社長と社長以外】 コト、ヒト、カネの成長(停滞)による、社長と社長以外の頻出トラブルパターン
「全員全社視点から、社長以外担当視点」、「創業仲間から、採用スペック」、「社長案件、社長判断」
「注力分野(コト)に注力(ヒト、カネ)」、「新旧世代栄枯」、「社長の選択肢≒社内複数社外単一、社員の選択肢≒逆」
「オレがやらねば、好きにすれば」、「社長が社員を信頼しなければ、社員は社長を信用しない」、「社長以外は上がある」
【頻出事故体験】 「信頼残高踏み倒し」、「やらない、きかない、はらわない、キレル、オレル、トマル」、「言葉狩り」、「新規社外プレミアム」
自戒①＝新規事業の経験数が多いだけ、自戒②＝自戒①を忘れない

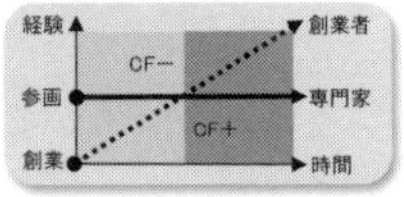

大企業が抱える、構造的な問題。本業≠新規事業、本業組織≠新規事業組織、本業投資≠新規事業投資、です。

会社の視点

✖ 本業の、しがらみ
○ 3つの切離し

【①本体からの「資金」切離し】
・単年度予算の弊害回避
・新規事業資金のプール化
　子会社などによる新規事業
　子会社などへの投資実行
・本体PLへの影響回避

【②本体からの「意思決定」切離し】
・直接関係者のみの最少人数
・既設の役員会とは別の意思決定
・外野のリスク回避思考を排除
　外野のリスク回避構造を実現

【③本体からの「評価」切離し】
・予実精度＋失敗回避から、
　成功確率向上＋場数胆力向上
・既存事業との混同回避

部署の視点

✖ 外戦の前の、内戦
○ 2つの役割と機能

【④事業開発＋環境構築】
・事業開発のための部署を新設
・成り行きの事業開発の回避
・兼、経営者人材開発室
・事業開発者が事業開発に専念
　できる環境構築も、役割

【⑤支援機能】
・案件開発はせず、要件定義と
　システム開発、運用を実行
・経営者候補が継続して学べる
　仕組みの実現

【⑥広報機能】
・事業開発状況を翻訳、共有
・現任者のための機能＋新人
　候補のための機能
・新規事業創出の文化つくりに
　貢献

担当の視点

✖ 本業が、本業
○ 新規事業という、創業

【⑦勝負の分かれ目】
・誰がどう臨むのかが、事業の
　成功においても、経営者人材
　としての鍛錬においても、
　大きな差が出るポイント
・業務として事業開発に取組む
　人材はアウト

【⑧経営者人材】
・一軍投入
・意志ある人材優遇
・手挙げ自体で評価
・事業の成功で更に評価

【⑨外部パワーの活用】
・起業の経験の補充
・起業の熱量の補充

事業の視点

✖ リビングデット
○ イグジット

【⑩撤退ルール＝投資ルール】
・累損と機会残量による判断
・キャッシュの感覚が大事
・最初に決めておくことが肝要

【⑪成功ルール＝回収ルール】
・再投資のための回収
・本体吸収、外部放出を判断
・最初に決めておくことが肝要

【⑫優先される価値感】
・定性的 > 定量的
・主観的 > 客観的
・勝機を見出す > 課題を指摘する

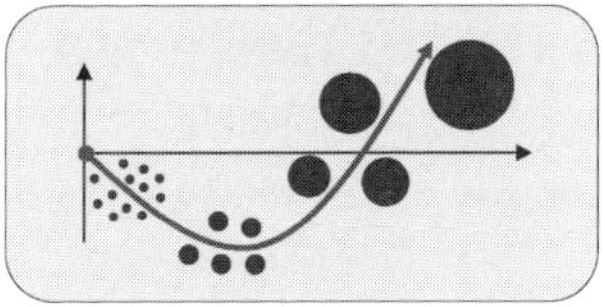

! 生身の事業としての強烈な個性、生存力 > 筋道だった計画としての網羅性、分析力
○ 別物理解、その上で、本業との、もしくは新規事業同士での明らかなシナジー、一気呵成
✖ 全社戦略不在、戦略なきよろず屋、バラバラ病、チマチマ病、サラリーマン行動の延長

大企業が、新規事業を創出し続けるための生態系を実現する工夫の一つとして、一国二制度の、「出島」が考えられます。

検討の前提

・これまで築き上げてきたものの多くが、新しいものを生むことの反対勢力となる可能性がある。
・例えば、巨大な本業が存在。
・組織に、抗しがたい政治性が存在。
・複雑な、社内外での利害関係が存在。
・大企業ゆえの、過剰な世間の目が存在。

・新規事業担当メンバー総数という、総量の壁が存在。
・新規性ある事業毎の、実務毎人材が不足。
・大企業ゆえの、雇用と解雇の壁が存在。

・資金の切り離しが必要。
・意思決定の切り離しが必要。
・評価の切り離しが必要。

・出島構想自体が、新規事業。
・その企業らしい出島、という試行錯誤が必要。
・出島文化の、社内認知、定着が必要。

検討の範囲

①出島の設計
・出島の考え方。
・実証実験の考え方。
・実証実験の初期設計案。

②出島の体制
・意思決定体制の考え方。
・会議体の設計。
・統括役割候補者の要件。
・実務体制の設計。

③出島の案件
・案件選定の考え方。
・具体的な案件。
・実証実験の都合を優先させる場合の、対処方針。

④出島の資金
・予算総額の考え方。
・予算執行の考え方。
・予算の切り出し方。

企業出島進化論

⇨ 出島構築には、「その企業らしい出島」、という試行錯誤が必要。スキームは、各社の現実的状況に従い、LPS、NK、LLP、TK、KKなど。
最大の前提条件は、創り切る確固たる意志。

新規案件を手掛ければ手掛けるほど、未着手案件が増えました。

パーソナルキャリアチャート

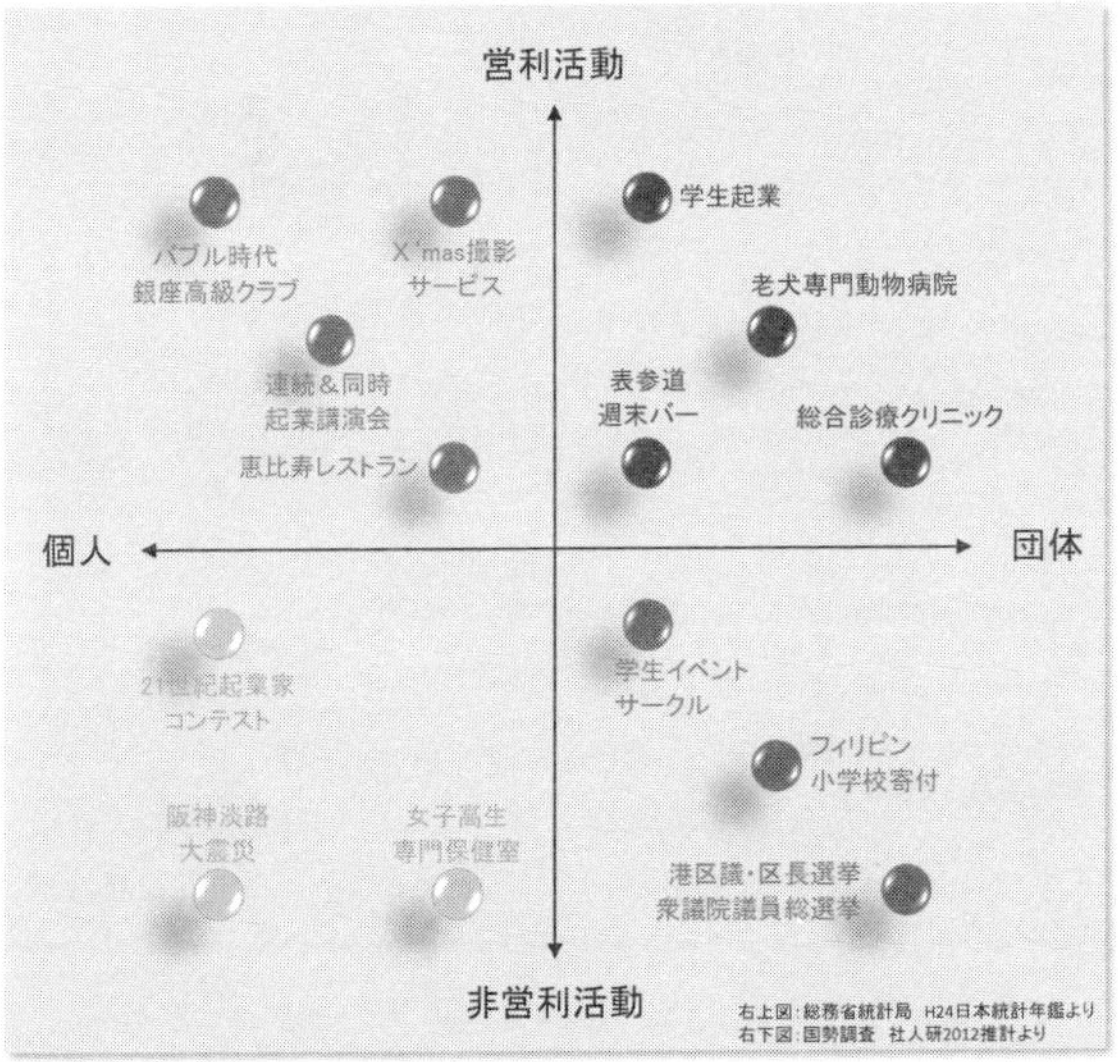

対決すべき我が国の2つの課題

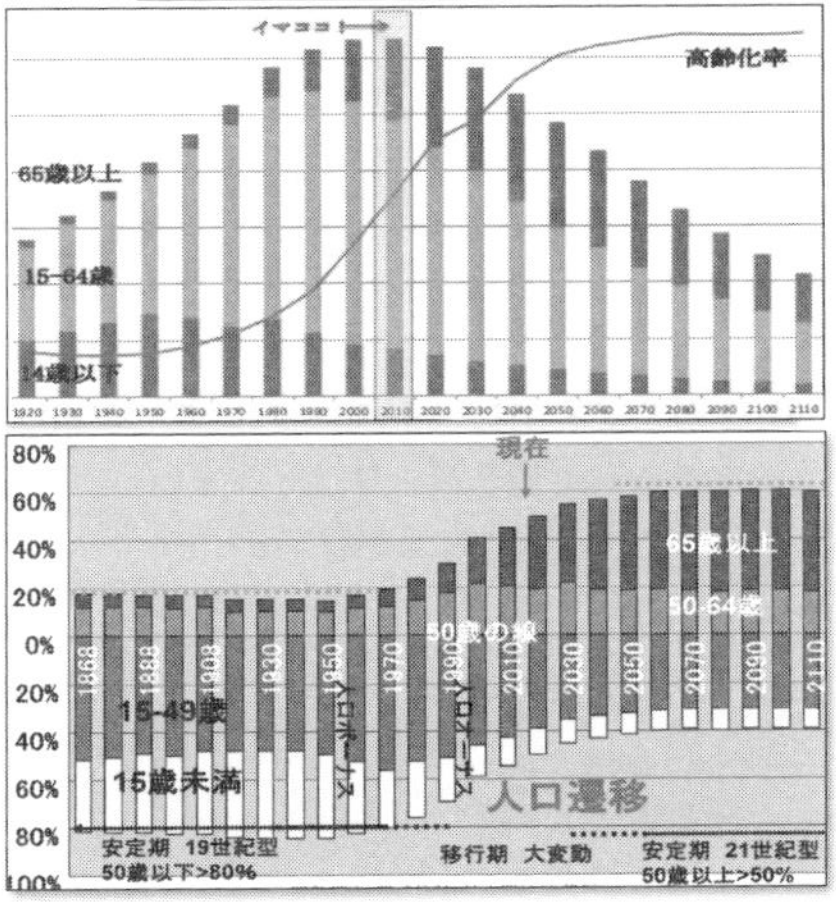

人口総量の激減＋人口構造の激変。
例えば、「20世紀型医療介護構造では、22世紀は迎えられない」
旧＝病気、施設＋管理、医師＋医療従事者、出来高払→マニュアル
新＝健康、地域＋自立、本人＋自立支援者、包括払→非マニュアル
大きな的に、小さくとも、射貫く強さと速さをもった矢を放つことが、肝。

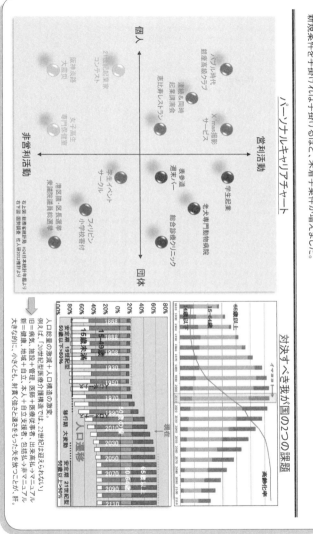

引続きの、末永いご縁を、どうぞ、よろしくお願いいたします。

■会社紹介

❖株式会社守屋実事務所

・2010年9月創業
・設立前および設立間もないベンチャーを主な対象に、新規事業創出の専門家として活動。
・自ら投資を実行、役員に就任して、事業責任を負うスタイルを基本とする。
・創業期、成長期を経たのちも、継続的な事業参画と安定株主としての長期の関係性保持が信条。

❖連絡先

・メール ： info@moriyaminoru.com
・住　所 ： 東京都千代田区霞が関3-2-5
霞が関ビルディング33階

■自己紹介

❖経歴

1969年生まれ。明治学院大学卒。

1992年に株式会社ミスミ（現ミスミグループ本社）に入社後、新市場開発室で、新規事業の開発に従事。メディカル、フード、オフィスの3分野への参入を提案後、自らは、メディカル事業の立上げに従事。

2002年に新規事業の専門会社、株式会社エムアウトを、ミスミ創業オーナーの田口氏とともに創業、複数の事業の立上げおよび売却を実施。

2010年に守屋実事務所を設立。設立前および設立間もないベンチャーを主な対象に、新規事業創出の専門家として活動。自ら、投資を実行、役員に就任、事業責任を負うスタイルを基本とする。

ラクスル株式会社、ケアプロ株式会社の立上げに参画、副社長を歴任後、株式会社博報堂、メディバンクス株式会社、株式会社ジーンクエスト（ユーグレナグループ）、株式会社サウンドファン、株式会社みんなの健康、ブティックス株式会社、株式会社SEEDATA（博報堂グループ）、AuB株式会社、株式会社TOKYOJP、株式会社みらい創造機構、株式会社ミーミル（UZABASEグループ）、株式会社トラス、株式会社日本クラウドキャピタル、株式会社テックフィード、キャディ株式会社、一般社団法人プロフェッショナル＆パラレルキャリア・フリーランス協会、宇宙航空研究開発機構JAXA、株式会社セルム、株式会社フューチャーベンチャーキャピタル、株式会社日本農業などの取締役、顧問、フェロー、理事など、株式会社リクルートホールディングス、JR東日本スタートアップ株式会社などのアドバイザーなど、経産省、内閣府などの有識者委員など、
山东省工业和信息化厅の人工智能高档顾问を歴任。

Wiki掲載　https://ja.wikipedia.org/wiki/守屋実

❖MVV

・シリアルイントレアントレプレーナシップの普及実践を通じ、より良い社会の実現に貢献。
・ヒト・コト・カネの新規事業の生態系を構築する。
・縁・恩・運を大事にする、そのための予習と復習、記録。
：予習＝（未来＋自習）カレンダー。

：復習＝（日次決算＋週次決算）カレンダー。

：記録＝起業の心得。

起業の心得

・マーケットアウトとは、顧客の立場に立ち、顧客視点で真の顧客ニーズを理解し、マーケットの利益を最大化するビジネスを創造しつづけることである。
・顧客側から自分たちを見ると新しいビジネスが生まれる。
・不安定な中に飛び込む経験が結果として安定を呼び寄せる。
・マーケットインはプロダクトアウトと同じ方向の流れである。だから、顧客志向という名の下に、ビジネスモデルもマネジメントシステムも、プロダクトアウト仕様となっている。商品ありきサービスありきで、マーケットありきではない。工場には稼働率があり営業には販売ノルマがある。つまり、自社都合を押し付けてしまう構造となっているのである。
・マーケットアウトビジネスは、マーケットニーズに忠実に基づいた商品・サービスを提供する以上、理論的には100%成功する。しかし、現実においてはビジネスを運営する上でマーケットニーズに基づかない自社都合を優先させ、成功に至れないことが殆どである。顧客の真のニーズを発見し、それをいかに早く商品・サービスに反映できるか、その姿勢こそがビジネスの成功率を高く保ち続けるかの重要な鍵となってくる。
・作ったものを売るためにお金をかけるビジネスがプロダクトアウト、何を買えばいいかを知るためにお金をかけるビジネスがマーケットアウトビジネス。
・マーケットアウトビジネスは先にマーケットが決まる点で、マーケットインと決定的に違う。
・マーケットアウトもマーケットインも、どちらも顧客に近づく方法としては同じだが、構造的に近づけるのがマーケットアウトである。
・マーケットアウトとは、事業及び企業にとって根本的な方向を示

すものであるため、トップのコミットメントがその成否に大きく影響する。
・マーケットアウトとは、ビジネス倫理を規定する基軸である。
・マーケットアウトビジネスが本当にマーケットアウトであるかは、最終的にはマーケットが決めることである。
・マーケットアウトビジネスがプロダクトアウトビジネスに陥る罠は、ビジネスの至る所で見受けられる。特に、抽象的な概念を具体化する時や自身の成功体験に引きずられることは、誰もが陥る罠である。
・マーケットアウトビジネスの完成イメージを持つことは大事だが、どこから入り、そしてどうやってそこに至るのかの方が、より大事である。マーケットアウトの完成イメージを目指し、一気に理想を求めた大きな入り方をすることは、まさにプロダクトアウトである。絞り込んだマーケットに高付加価値をもって参入し、走りながら如何に進化していくのかがマーケットアウトビジネスなのである。
・プロダクトアウトは、プロダクト在りきであるから、それをどうやってマーケットインするかに苦労する。その意味において、マーケットアウトは、マーケット在りきゆえ、どうやってプロダクトインするかに苦労する。
・創って、作って、売るというビジネスフロー、そしてスモールイズビューティフルという企業構造のどれをとってもマーケットアウトなのが、マーケットアウト。
・マーケットの視点でビジネスを創造することがマーケティングである。
・顧客視点でビジネスを考えるには、顧客のことを顧客以上に理解しなければならない。そうして初めて、意見や不満の裏側にある本質が見えてくる。
・ビジネスの仮説は、顧客によって絞られる。その意味において、ビジネスの方向性を決めたければ、顧客に学ぶことが大切で、顧客に学ぶことによって、そのビジネスにWillが宿り、チームメンバーのWillが揃う。
・B2Bはニーズがあってそこに価値を提供するが、B2Cは商品サー

ビスを投入することでニーズが生まれる。
・顧客がクレームを発した瞬間にビジネスの種をどれだけ読み取れるかが重要である。
・PPM＝こうなったらいいなと言う自分自身を顧客としたマーケットアウトから事業は生まれ（問題児)、プロダクトインすることでマーケットに受け入れられ始めて成長をし（花形)、自社の商品、サービスがマーケットで成熟するが（金のなる木)、成功体験に引きずられることによってマーケットとの間にGAPが生じて改めてニーズを模索し始めなければならないようになる（負け犬）（※さらに続く）

「起業の心得」を【新しい】で検索した場合
・顧客側から自分たちを見ると新しいビジネスが生まれる。
・モノゴトは、複雑化すると新しい性質を獲得する。それに対し、論理の本質は単純化であり、この意味において、論理の限界は明確である。
・自律神経を司る古い脳（大脳辺縁質）は、「想像」と「事実」の区別をつけることが出来ない。つまり、想像力をつかさどる新しい脳（大脳）に、支配されているということであり、その意味するところは、想いは実現する、ということである。
・地図の縮尺の単位を、長さから時間に変えると、新しい物の見方が生まれる。
・当該商品は供給者都合であると考え、ゼロベースであるべき姿を模索すると、全く新しい姿が見えることがある。
・止まっているものを動かすと、新しい価値が生まれる。
・新しいことを始めるとき、先ず必要なものは、「仮説」である。
・前例の無い新しいことを始めるときには、現場の第一線は、現実に直面し、組織がぐらつくことがある。このとき、顧客に強い要望があり挑戦する価値があると思うなら、それは経営者の信念として押し通すことが、トップの役割である。
・プロダクトアウトな起業は、技術革新が肝であり、技術革新とは、既存の技術の組み合わせ、もしくは新しい技術の開発により、提供する製品に全く新しい機能や性能を生み出すことである。

・マーケットアウトな起業は、事業革新が肝であり、事業革新とは、既得権益者では取り組みが難しい事業構造自体の変革により、顧客の利益を最大化する全く新しい価値を生み出すことである。
・新しいことは、理論からは生まれない。やってきたことからしか、生まれない。
・昇進人事が成功しない理由の多くは、昇進した人間が、昇進後も、昇進に至る成功体験を繰り返してしまうからである。あるべきは、新しい任務、地位で成果を上げるための、成すべきことの見直しである。
・商品やサービスを「パーツ」に分解して組みかえると、新しい商品やサービスを膨大に生むことが可能となることがある。
・これからの新しいビジネスリーダーの条件は、「価値創造」と「徹底力」である。
・新しい戦略への不安に打ち勝つには、「打つべき手はすべて打った」という腹の括りが必要である。
・ビジネスとして成立するということは、従来なかった新しい価値を提供できているということである。
・毎日どんなに小さくても、1つのイベントを強制的に開催することが、進化を生む。いままでにやったことのない新しいことをする、お会いしたいなぁと思っていた新しい人に会う、いままでに読んでいない新しいジャンルの本を読む、購入したことのないものを買ってみる、歩いたことのない道を歩いてみる。たった、それだけでもイイ。
・ビジネスとは、新しい価値を創っていくということである。これが無ければ、単なる既存からの搾取であるり、つまり、長持ちしないと言うことである。
・日本の教育の最大の間違いは、答えがあると思っていることである。100点満点の答えを探すのではなくて、新しい答えを創っていくことの大事さを教えるべきである。
・アイデアとは、既存の要素の新しい組合せである。
・新しい情報を掴むのではなく、正しい情報を掴むことが、これからの時代は大切である。

・売れていない商品は捨て新しい商品と入れ替え、売れている商品は改良を行う。
・新しい環境に飛び込んだ時に克服しなければならないことは、外様感、不条理、焦燥感の3つである。
・新しい事業へのチャレンジでは、土地勘のある方が有利なことは間違いナシ、だから、新しいことにチャレンジするなら身を投じることが重要。
・新しい取り組みは、何がどうなるか分からない面がある。だから、よし、やってみようか、というひとことで、取り組めることが、一番大事だったりする。
・出島は、レガシーで、PPM的に言うと、「金のなる木」があるが緩やかな斜陽、現状体力のうちに新しいことを起こしたいが、本業と完全に地続きの新分野新サービスが限界、それ以上に関しては会社としては未体験ゾーン、何かしらこれまでの枠からはみ出したいが、そこは、歴史的にも、文化的にも、人材的にも、何をとっても、苦しい、という企業のなかに稀に居る、「じつはヤバいと思っている人たち」が、うまく動き始めると、一気に景色が変わる。そういった場つくりの一つ、とくにはキッカケが、出島である。
・成長戦略の基本的な方針は「規制撤廃」であり、且つそれは、まず既存の産業がつぶれ、その後、十数年の時を経て、ようやく新しい産業や会社が成長の軌道に乗り始めるという、痛みを伴う。

「起業の心得」を【一歩】で検索した場合

・マネジメント、コアコンピタンスなどの経営カタカナ用語は、知的レベルをイメージさせるが、その第一歩は誰よりも本気で頑張ることである。
・ビジネスは、完成すると、リピーターがいなくなる。なぜなら、顧客のための進化に終わりは無く、我々が完成と思った瞬間に、他の誰かが顧客のための進化を一歩先に行ってしまうからである。
・絶対的優位などというものは存在しない。常に一歩先へ行くということでしか、勝ち続けることは出来ない。
・情報は、そこから自分の仕事に役立つ原理原則を抽出し、自分自

身に結びつけ、一歩進んだ行動が出来るようにすることで、初めて意味を持つ。
・プレゼン資料への質問の第一歩は、書かれている「カタカナ」を、「行動の見える日本語」に翻訳してもらうことである。
・うまくいっていることを3つ書き出すだけで、成果への一歩が踏み出せるものである。
・互いの位置関係が構造的に握り合える状態であることを確認することが、信頼関係の第一歩である。
・はじめの一歩が踏み出せない人は、「学びが足りない、学んでいないから動けない」、もしくは「学びすぎて動けない」のどちらかである。
・一歩引いた第三者的な視点の意見やオブラートに包んだ指摘は、身を守ろうとする本能が自分の意見に保険をかけさせようとしている、と言うことである。立場あるものは、決してしてはならないことである。
・経営とは、三歩先を読み、二歩先を語り、一歩先を照らす、ということである。
・千里の先を見据え過ぎて、最初の一歩目で躓いている。
・信頼を得る第一歩は、自己信頼である。
・多少の雑さは構わないので、先ずは前に一歩進んでみることが、より大事な時代となっている。
・「失敗を恐れない」、が大事なことは分かっていても、なかなか出来ないものである。だからこそ、出来る範囲のこととして、「何が失敗なのか」、という線引きを工夫することで、自らの不安に打ち勝つ一歩とするのがイイ。
・新規事業を任せられるか、られないかの境目は、一歩目をすぐに踏み出せるかどうか、である。
・競争に負けるのが負けなのではなく、競争していること自体が、すでに負け領域への第一歩だと言える。

（※さらに続く）

[著者]
守屋　実（もりや・みのる）
1969年生まれ。明治学院大学卒。
1992年にミスミ（現ミスミグループ本社）に入社後、新市場開発室で、新規事業の開発に従事。メディカル、フード、オフィスの３分野への参入を提案後、自らは、メディカル事業の立ち上げに従事。2002年に新規事業の専門会社、エムアウトを、ミスミ創業オーナーの田口弘氏とともに創業、複数の事業の立ち上げおよび売却を実施。
2010年に守屋実事務所を設立。新規事業創出の専門家として活動。ラクスル、ケアプロの立ち上げに参画、副社長を歴任後、博報堂、メディバンクス、ジーンクエスト(ユーグレナグループ)、サウンドファン、みんなの健康、ブティックス、SEEDATA（博報堂グループ)、AuB、TOKYOJP、みらい創造機構、ミーミル（UZABASEグループ)、トラス、日本クラウドキャピタル、テックフィード、キャディ、プロフェッショナル&パラレルキャリア・フリーランス協会、宇宙航空研究開発機構JAXA、セルム、フューチャーベンチャーキャピタル、日本農業などの取締役、顧問、フェロー、理事など、リクルートホールディングス、JR東日本スタートアップなどのアドバイザーなど、経産省、内閣府などの有識者委員、山东省工业和信息化厅の人工智能高档顾问を歴任。
2018年４月にブティックス株式会社を、５月にラクスル株式会社を、２か月連続で上場に導く。

新しい一歩を踏み出そう！
――会社のプロではなく、仕事のプロになれ！

2019年５月15日　第１刷発行

著　者――――守屋 実
発行所――――ダイヤモンド社
〒150-8409　東京都渋谷区神宮前6-12-17
http://www.diamond.co.jp/
電話／03·5778·7236（編集）　03·5778·7240（販売）
装丁・本文デザイン― 新井大輔
カバー・本文イラスト― 岡野賢介
編集協力―――― 三浦たまみ
校正―――――― 鷗来堂
DTP・製作進行―― ダイヤモンド・グラフィック社
印刷―――――― 八光印刷（本文）・新藤慶昌堂（カバー）
製本―――――― 宮本製本所
編集担当―――― 高野倉俊勝

ISBN 978-4-478-10761-4